舒尔茨工作法

刘露 张芝雨 胡溪 著

化学工业出版社

·北京·

内容简介

本书中用舒尔茨的创业及工作方法告诉读者，真正的成功源自对生活的热爱和对梦想的不懈追求。本书强调了热爱和激情在实现商业成功中的核心作用。舒尔茨对咖啡的热爱、对建立公司的激情、对员工的关怀，以及试图将爱、快乐和善良融入商业模式中的决心，都是其他商业书籍较少深入探讨的内容。2021年1月6日，国家主席习近平还曾复信给舒尔茨，鼓励其与星巴克公司为推动中美经贸合作和两国关系发展继续发挥积极作用。书中详细剖析了舒尔茨的领导风格和决策智慧，以及他在星巴克面临困境时如何作出关键性的改革，为读者展示了一位企业家如何凭借热爱和毅力，将一家小店铺发展成为全球知名品牌的过程。相信本书会对想要创业或正在创业中的商业人士有所助益。

图书在版编目（CIP）数据

舒尔茨工作法 / 刘露，张芝雨，胡溪著 . -- 北京：化学工业出版社，2025. 4. -- ISBN 978-7-122-47517-6

Ⅰ. F272

中国国家版本馆CIP数据核字第2025E6F175号

责任编辑：郑叶琳　　　　　　文字编辑：李　彤　刘　璐
责任校对：宋　夏　　　　　　装帧设计：韩　飞
　　　　　　　　　　　　　　　特约策划：考拉看看创生文化

出版发行：化学工业出版社
　　　　（北京市东城区青年湖南街13号　邮政编码100011）
印　　装：三河市双峰印刷装订有限公司
710mm×1000mm　1/16　印张9¼　字数124千字
2025年5月北京第1版第1次印刷

购书咨询：010-64518888　　　　售后服务：010-64518899
网　　址：http://www.cip.com.cn
凡购买本书，如有缺损质量问题，本社销售中心负责调换。

定　价：58.00元　　　　　　　　　　　　版权所有　违者必究

前言

在中国，第一次喝星巴克咖啡的人，往往不会觉得星巴克咖啡多么好喝，但是却止不住再次跨进星巴克咖啡店的大门。久而久之，星巴克在人们心中和咖啡画上了等号。和朋友见面去哪儿，人们会提议"星巴克见"；和同事讨论项目计划，人们会去"楼下星巴克"；和合作伙伴聊天，人们也不约而同选择去星巴克坐坐。即便星巴克的店里有时候很吵，买单需要排队，人们还是会选择它。

人们钟情于星巴克咖啡店，是因为它的咖啡口感让人上瘾，服务贴心，还是店内的装修令人愉悦？似乎都是，又似乎都不是。到星巴克喝咖啡在无意间成为人们生活的一种习惯，有的人可能一瞬间就形成了这种习惯，有的人可能三五年后才意识到这个习惯。

人们为什么总是选择星巴克？其实原因很简单，因为它无处不在。每一座机场、每一处旅游景点、每一家商场，甚至每一个街角，你都可能发现星巴克的门店。在你有喝咖啡、休息、聊天这样的想法时，抬头一看，星巴克门店就在离你50米的不远处。还没等你做决定，你已经在朝它走过去了。

有一天你会发现，不管是实际距离，还是心理距离，星巴克都离你很近。它是怎么实现这样的结果的？它做了什么？这是本书想要探讨的关键问题。

星巴克自建立以来就快速发展，在本地市场取得成功以后，又面向全球进行扩张，再次旗开得胜。热爱是成功的首要因素。舒尔茨对咖啡文化的热爱和对咖啡豆、咖啡成品高品质的执着追求，是他收购并发展星巴克的动力。他不仅仅将咖啡视为一种饮品，更将其视为一种艺术、一种生活方式的体现。这种热爱使他不断探索、创新，始终保持对咖啡事业的激情与专注，最终带领星巴克走向了全球市场，使其成为一个家喻户晓的咖啡品牌。

本书通过研究舒尔茨的生平和星巴克的发展历程，描绘了一个出身贫寒的男孩如何凭借对咖啡文化的热爱和执着追求，逐步攀登至全球咖啡行业的巅峰，最终成为星巴克品牌的领袖和灵魂人物。舒尔茨对咖啡的独特情感始于他年少时的经历，发展于第一次"邂逅"星巴克，他被咖啡文化深深吸引，并将这种热爱转化为收购和发展星巴克的强大动力。

书中所讲述的舒尔茨的领导风格和决策智慧，以及他在星巴克面临困境时如何作出关键性的改革，为读者展示了一位企业家凭借热爱和毅力，将一家小店铺发展成为全球知名企业的过程。

2021年1月6日，国家主席习近平还曾复信舒尔茨，鼓励其与星巴克公司为推动中美经贸合作和两国关系发展继续发挥积极作用。

目录

第一章　寒微的出身与执着的热爱　// 001

第一节　注入了咖啡的生活　// 003
　　一、买得起咖啡，也买得起想要的人生　// 003
　　二、父亲的遗愿　// 004
第二节　短暂的星巴克旅程　// 006
　　一、西雅图之旅　// 006
　　二、执着的外乡人　// 007
　　三、向左走？向右走？　// 009
第三节　后退一步是为了看得更远　// 011
　　一、生命中最艰难的时光　// 011
　　二、热心的、幸运的参与者　// 014

第二章　爱意式更爱星巴克　// 017

第一节　打造美式的意大利咖啡体验　// 019
　　一、意式浓缩咖啡的别样风味　// 019
　　二、将意式咖啡进行美式本土化改造　// 022
第二节　鲑鱼吞鲸　// 023

一、意外惊喜　// 023

　　二、星巴克是我的了　// 024

第三节　重塑咖啡生意　// 025

　　一、体验式经济——让每个人都爱上咖啡　// 025

　　二、选好每一家门店　// 027

　　三、挖掘咖啡新属性　// 030

第三章　不断扩大的商业版图 // 035

第一节　深耕美洲地区　// 037

　　一、美国：星巴克帝国的第一块版图　// 038

　　二、借力打力，占领加拿大咖啡市场　// 045

第二节　在东方国度里盛开　// 057

　　一、在日本，敲开东方国度的大门　// 058

　　二、在韩国，风生水起　// 067

　　三、开创中国咖啡新时代　// 075

第三节　最硬的骨头：造访咖啡之国　// 083

　　一、艰辛的英国生存之路　// 085

　　二、法国：打造年轻的社群　// 092

　　三、咖啡王国意大利　// 099

第四章　热爱成就伟大，星巴克的文化标签 // 107

第一节　"我们"，星巴克的成功密钥　// 110

　　一、顾客为本，聆听顾客心声　// 110

二、员工第一，让员工成为伙伴　// 114

　　三、关注咖啡农，与供应商荣辱与共　// 117

第二节　"我们"，将喝咖啡打造为一种生活方式　// 120

　　一、嗅觉密码　// 121

　　二、奇妙的第三空间　// 123

　　三、一座咖啡的庙宇　// 126

第三节　"我们"，迎接新的挑战　// 128

　　一、符号化的负面效应　// 128

　　二、永葆活力的创新秘诀　// 131

　　三、移动互联"第四空间"　// 134

参考文献　// 136

后记　像舒尔茨一样热爱——点燃生活的激情，创造属于自己的传奇　// 137

第一章
CHAPTER ONE

寒微的出身与执着的热爱

第一节
注入了咖啡的生活

一、买得起咖啡，也买得起想要的人生

霍华德·舒尔茨 1952 年出生于美国纽约布鲁克林的贫民区，他父亲是一名普通的工人，做过卡车司机、车间工人、出租车司机，最后一份工作是开着卡车回收脏尿布，即使是这样一份工作，也因工伤失去了。因为雇主并未与父亲签署完备的保障协议，所以父亲的工伤赔偿很微薄，这对困顿的家庭而言只是杯水车薪。此时，舒尔茨的母亲已怀孕七个月，这对原本就一贫如洗的家庭来说更是雪上加霜。1961 年的冬天对于年幼的舒尔茨而言，似乎比往常更加寒冷。每天的餐桌上，仅有几片干瘪的面包和一杯苦涩难咽的咖啡。母亲尽其所能，从市场上淘来一些剩余的茶叶和打折处理的咖啡粉，以减轻生活的苦涩。

在这样磕磕绊绊的成长道路上，舒尔茨最终以优异的成绩考上了大学。当舒尔茨为筹集大学学费而焦头烂额、四处奔波寻求帮助时，北密歇根大学的野猫球队注意到了他非凡的橄榄球天赋，并慷慨地为他提供了一份奖学金。在一个清晨，舒尔茨独自坐上了前往北密歇根大学的列车。为了节省路费，上学期间他几乎没有回过家，而是抓住每个假期外出打工。每个月他都会给母亲写信、打电话，却从来没有提及父亲半个字。

在大学的日子里，舒尔茨逐渐意识到橄榄球并非他未来的归宿。于是他将全部精力投入学业中，最终获得了商学学士学位。毕业后，他顺利进入了著名的施乐公司纽约分公司，凭借出色的表现，成为一名备受赞誉的销售员。在入职后的 6 个月内，他每天拨打 50 多个推销电话，奔跑在曼哈顿城第 42 街到第 48 街之间，从东河跑到第 50 大道，每一幢写字楼都留下了他的足迹，每一间办公室的门都被他敲响过。他奋力工作、拼搏不息，这一切都是为了向父亲证明，他选择的人生道路是正确的，他绝不会虚度年华。然而这些话语他从未向父亲吐露，因为他觉得与父亲之间仿佛隔着一层无法穿透的壁垒。

三年时光匆匆而过，舒尔茨凭借不懈的努力赚取了颇为可观的佣金。除了给母亲寄去钱款，他还特别为父亲挑选了一份别具一格的礼物——产自巴西的上等黑咖啡豆。他第一次主动给家里打电话，与父亲进行了短暂的交谈。然而，父亲只是淡淡地回应了几声，甚至带着一丝讥讽说："你拼了命去读大学就是为了能买得起咖啡？"舒尔茨毫不客气地说："是的，我用努力证明了自己买得起咖啡，也买得起想要的人生。而你，最好用这些巴西咖啡豆为自己冲泡一杯真正的黑咖啡，品尝一下苦涩的滋味是怎样的。"两人的交谈在尴尬与不快中结束。

为了不被父亲看不起，舒尔茨决心在事业上取得更大的突破。此后他选择了跳槽至瑞典柏士德公司。仅用 10 个月的时间，他的才华便得到了公司的充分认可，被委任为公司旗下汉默普拉斯特分公司的总经理，年薪高达 7.5 万美元。28 岁时，舒尔茨所取得的成就已经远远超出了自己的预期。在此期间，他与聪明且美丽的雪莉相识，并迅速坠入爱河。

二、父亲的遗愿

1981 年的一天，舒尔茨突然接到了母亲的电话。母亲在电话那头轻声告诉他，父亲最近总是念叨他的名字，希望他能抽空回去看看。舒尔茨没想到父亲竟会如此直接地表达对自己的思念。然而，正巧此时有一个重要的客户需要他亲自接待，舒尔茨不得不忍下心中的酸楚，婉拒了母亲的请求。

因为忙于事业，加上不知道怎么面对父亲，舒尔茨没有回家见父亲。然而命运弄人，舒尔茨再次接到母亲的电话，得知父亲因脑出血去世了。据母亲说，父亲在生命的最后一刻，仍然对舒尔茨念念不忘，想见儿子最后一面。舒尔茨的心被巨大的悲哀占据，他痛恨自己曾诅咒过父亲，如果时光能重来，他多么希望能和父亲好好相处。可如今，连父亲的打骂也变成了永不再来的珍贵回忆。

舒尔茨帮母亲整理父亲的遗物时，不经意间发现了一个陈旧的木箱，里面竟隐藏着一个锈迹斑斑的咖啡桶。舒尔茨发现咖啡桶的盖子上有一行字，那是父亲的手迹："儿子送的礼物，1964年圣诞节。"看到这句话，舒尔茨的鼻子一酸，他从未想过父亲会如此珍视这个礼物。他继续往咖啡桶里看去，发现里面还装着一封已经皱巴巴的信，信的日期是他坚持要上大学的那一年，父亲在信中写道："亲爱的儿子，作为一个父亲我确实失败，既没有给你一个好的生活环境，也没有办法供你上大学，我的确如你所说是个粗人。但是孩子，我也有自己的梦想，我最大的愿望是能够拥有一家咖啡屋，能够穿上干净的衣服，悠闲地为你们研磨和冲泡一杯浓香的咖啡，然而，这个愿望我无法实现了，我希望儿子你能拥有这样的幸福。可是我不知道怎么让你明白我的心事，似乎只有打骂才能让你注意到我这个父亲……"

父亲去世了，舒尔茨感到生命的一部分也被抽空了。这时，雪莉鼓励他说："既然你父亲的心愿是拥有一家咖啡店，那我们就替他完成未竟的心愿吧！"舒尔茨回想起与父亲共同度过的时光，那些在咖啡香中度过的悠闲日子，以及父亲对平静生活的向往。确实，品一杯咖啡，享受生活的点滴，不正是他和父亲一直苦苦追求的吗？

■ 第二节 ■
短暂的星巴克旅程

一、西雅图之旅

1981年，心思缜密的舒尔茨注意到汉默普拉斯特公司的账目上有一个奇怪的现象：一家西雅图的小小零售商，订购咖啡研磨机的数量甚至超过了纽约标志性商店梅西百货。而当时西雅图是大多数美国人心目中偏远落后的地方，美国人煮咖啡的主流方式是用电热滤煮机或滴滤机，无论从哪方面看，这样庞大的订单量都是不合情理的。舒尔茨通过调查发现，购买者是一家名为"星巴克"的咖啡专卖店。是什么使这家小小的咖啡店拥有如此庞大的订单量？舒尔茨百思不得其解。因此，他决定去西雅图实地考察一下这家公司。

1981年的一个晴朗春日，舒尔茨踏上了前往西雅图的旅程。当时的他不会想到，这次旅程会改变他的命运，也会改变星巴克的命运。与星巴克的相遇开启了舒尔茨的咖啡情缘，并一发不可收拾。而这一刻，距离首家星巴克的诞生，已经过去了10年。

多年以后，舒尔茨依旧能够清晰地回忆起1981年的那场西雅图之旅。

与星巴克的初遇给舒尔茨留下了难以磨灭的印象,星巴克的店面朴实无华却又个性十足,仿佛是个"膜拜咖啡的殿堂"。星巴克的员工将深度烘焙的苏门答腊咖啡豆研磨成粉,冲开,加入奶和糖,双手奉送给这位来自纽约的贵客,仅小小的一口,便足以使舒尔茨惊讶万分。完全不同于廉价的速溶咖啡,诱人的香气扑面而来,烘焙咖啡的浓郁溢满整个口腔,舒尔茨感觉自己仿佛发现了"新大陆"。毫无疑问,星巴克凭借其优质咖啡的独特魅力,迅速征服了舒尔茨,使其迫切地想要了解更多关于咖啡、关于星巴克的故事。

舒尔茨参观了星巴克从精选、烘焙咖啡豆,到手动将其碾磨成粉,再到滤网过滤、热水冲泡的整个咖啡制作流程,见证了一杯咖啡的诞生过程,而这一切无不令舒尔茨着迷。在这次旅程中,舒尔茨还见到了星巴克的初创者之一——杰瑞·鲍德温。杰瑞向舒尔茨详细介绍了星巴克的重烘焙法,以及坚持品质的宗旨,这些令舒尔茨颇有共鸣。星巴克像一股热流涌入舒尔茨的心田,不仅成功激发了他对咖啡的热情,更使他找到了长久以来要实现梦想事业的方向。直觉告诉他,星巴克可以撬动一个相当大的潜在市场,其未来有无限可能。

在第二天返回纽约的飞机上,舒尔茨一刻也不能忘记星巴克。他相信,与星巴克的相逢是一种"Basbert"(意第绪语:命运),星巴克拥有一种魔力,使舒尔茨感受到前所未有的激情与手握命运的兴奋。从西雅图回到纽约之后,舒尔茨做出了一个疯狂的决定,放弃高薪又体面的工作,加入星巴克。

二、执着的外乡人

从西雅图回到纽约后,舒尔茨一心想加入星巴克,然而这一过程并不顺利。

一方面，在家人与朋友眼中，放弃纽约的高薪工作，前往西雅图的一家小公司，无疑是十分不明智的。另一方面，舒尔茨这样一个强势的纽约人加入，令星巴克的初创者们深感不安，他们为舒尔茨这个外乡人可能使星巴克偏离原本的发展轨道而担忧。

好在舒尔茨对星巴克有足够的热情与执着。他凭借自己对咖啡超乎寻常的热爱，紧握加入星巴克的机会不放手。舒尔茨花了一年的时间，终于成功说服星巴克的初创者们雇用他，又经过很长一段时间的卖力工作，才最终获得初创者们完全的信任。

早在加入星巴克之前，舒尔茨就设定了一个清晰的目标：将星巴克从一个区域性的咖啡品牌转变为全球知名的连锁咖啡巨头。他明白这个目标不可能一蹴而就，需要的是时间、耐心和努力。因此他认为实现目标的第一步是说服星巴克的管理层让他加入公司。

为了更好地展示自己的能力，舒尔茨对市场策略进行了深入研究。舒尔茨分析竞争对手的优缺点、考察消费者的需求变化、研究当时的市场趋势，在充分研究市场的基础上，他开始构建自己的提案——详细地阐述了星巴克目前的市场地位、潜在的增长空间以及应该采取的市场策略。

为了能够加入星巴克，舒尔茨与星巴克管理层进行了多次沟通。尽管在沟通过程中遇到了很多挑战和困难，但舒尔茨从未放弃过自己的目标。他坚信自己的市场策略能够为星巴克带来巨大的商业价值，因此他不断地调整自己的表达方式，使其更加贴近对方的思维方式和利益诉求。

通过多次的沟通尝试和坚持不懈的努力，舒尔茨最终赢得了星巴克管理层的信任。经过一年的努力，舒尔茨成功地加入了星巴克，担任市场部和零售部经理。他带领团队实施了一系列市场推广活动，使星巴克的品牌知名度和市场份额都得到了显著提升。

三、向左走？向右走？

加入星巴克不久后，舒尔茨就能够对来自世界各地的咖啡豆如数家珍，并能在盲样测试中展现出良好的咖啡鉴赏力，一切似乎风平浪静、顺理成章。早在舒尔茨加入星巴克之初，舒尔茨与初创者们对于星巴克的发展定位便有不同见解，为其未来的出走埋下了伏笔。随着对咖啡了解得越来越深入，对星巴克的热爱越强烈，舒尔茨越发觉得星巴克迫切需要某些改变。于是，分歧和矛盾在所难免。

事实上，早在加入星巴克之初，舒尔茨便提出了未来星巴克的扩张计划。舒尔茨认为，未来的星巴克会走出西北地区，遍布西海岸，走向全美，甚至走向全世界，让更多的人感受到精品咖啡的魅力。然而，这个带有畅想色彩的不成熟的扩张计划，吓坏了星巴克的初创者，甚至差一点使舒尔茨加入星巴克的努力成为泡影。

星巴克的初创者同样热爱咖啡，热爱星巴克。然而作为一群咖啡纯粹主义者，他们对星巴克的未来有着截然不同的打算：星巴克的定位始终且一定是优质的咖啡豆销售商，而不是供应成杯的咖啡，也不是一家餐饮企业。星巴克的初创者们并不想将企业做大做强，他们创办星巴克的初衷在于对咖啡的热爱，并且投身其中，通过做热爱的事情创造价值。如今，这一初衷已经实现，星巴克虽然规模不大，但运作有序，每年都有盈余，并且获得了顾客的喜爱与赞赏，也扩张了门店的数量。星巴克的初创者认为，舒尔茨所奉行的连锁式扩张计划是一次巨大的冒险，虽然可能获得意想不到的收益，但将顾客群扩展到专业的咖啡爱好者以外，最终会导致星巴克背离初心，失去所有顾客。

舒尔茨对此却有着不同的看法，他希望未来的星巴克可以实现连锁化、标准化、品牌化，走出精英顾客人群，走向大众。与满足既有咖啡爱好者的需求相比，舒尔茨热衷于开拓更为广阔的市场，培养更多人成为咖啡的忠实爱好者。他相信，扩张会使客户群从咖啡爱好者扩展到普通饮用者，甚至吸纳原本不喝咖啡的人群加入其中。最初，舒尔茨的扩张计划尚不清晰，仅限于一个想将精品咖啡带给更多人，使星巴克走向全美甚至全世界的畅想。在了解意式浓缩咖啡，特别是发现"第三空间"理论后，舒尔茨的扩张计划才开始变得具体起来。

虽然对咖啡拥有同样的热情，对发展优质咖啡拥有同样的执着，在看待市场的角度及星巴克未来的发展方向上，舒尔茨与星巴克的初创者之间却始终无法达成共识。星巴克的初创者所瞄准的是一个向下并集的小众市场，是比普通咖啡受众群体更为狭小的优质咖啡爱好者群体，通过放大咖啡产品的高质量特质，培养黏性顾客。而舒尔茨力图开创一个向上交集的大众市场，使星巴克由一个具象产品，发展为一种象征，成为优质咖啡的代名词。星巴克的初创者认为，扩张的最后会使星巴克失掉"咖啡之源"。而舒尔茨相信，将优质咖啡带给更多的人，会使星巴克重新找到"咖啡之源"。

初入星巴克时，舒尔茨的扩张计划使初创者受到惊吓，甚至差点因此拒绝他的加入。1984年，舒尔茨受到意式浓缩咖啡吧的鼓舞，再度提出他的扩张计划时，毫不意外地再一次受到了初创者的否决。相比开设更多的星巴克门店，初创者拥有一个更令他们兴奋的计划，即收购美国精品咖啡的鼻祖"毕特咖啡与茶"。这一收购计划并不是一个明智的决策，它使星巴克深陷债务危机，债务与股值的比率一度达到6∶1。更为严重的是，沉重的债务负担缚住了星巴克，使其彻底告别了创新与扩张，舒尔茨始终坚持的扩张战略也变得越来越渺茫。最终，这种难以调和的理念分歧，迫使舒尔茨选择离开星巴克。

▍第三节 ▍
后退一步是为了看得更远

一、生命中最艰难的时光

舒尔茨的离开令星巴克的初创者如释重负,他们终于不必再因理念的分歧与舒尔茨争论不休。事实上,他们并不否认舒尔茨的理念可以创造巨大的商机,只是他们和舒尔茨一样,对自己的理念坚定不移,追求自己的梦想,坚守自己的价值判断。初创者支持舒尔茨自立门户的决定,拿出 15 万美元支持舒尔茨的新店。他们为新店积极贡献自己的创意,完善新店的规划,帮助新店完成募资,甚至参与店名设计、门店布置、咖啡制作方式等每一个细小的环节。初创者认为,舒尔茨的理念虽不是星巴克追求的,但却是一个极好的理念,应当给予支持。

1985 年,舒尔茨离开星巴克,创立自己的咖啡品牌,开始将自己的理念付诸实践。舒尔茨将自己的新咖啡馆命名为 "Il Giornale",这是一家知名意大利报纸的名字,意为"天天"。之所以选择这个名字,一方面是因为舒尔茨希望店名可以体现出浓重的意式风情,另一方面是因为这个名字蕴含着舒尔茨希望顾客天天光顾咖啡馆的愿景。

优质的咖啡、明确的理念、独特的文化,加上星巴克初创者的大力支持,舒尔茨的创业之路似乎会一帆风顺。其实不然,创立、经营天天咖啡馆这些年,舒尔茨真正品尝到了创业之苦，却也收获了创业之甜。

对于天天咖啡馆，舒尔茨制订了宏伟的计划。舒尔茨相信，天天咖啡馆会实现对咖啡的改造，为咖啡融入浪漫情怀与人际交往氛围。意式咖啡馆的强艺术感、团体聚会式特色，以及与顾客生活的紧密联系，会使美国大众重新认识咖啡。天天咖啡馆不仅会使美国人爱上咖啡，更会使其爱上喝咖啡的体验。

舒尔茨认为，天天咖啡馆是一个绝佳的创意，更是一个激动人心的难得机遇，但大多数投资者却不这么认为。咖啡的发展前景在当时的美国并不被看好，自20世纪60年代，美国咖啡的销量始终难掩颓势，相比咖啡，软饮料已成为美国人的新宠。而且高科技产业被认为是当时最具前景的产业，苹果、微软、英特尔一次次刺激着投资者的神经，众多投资者争先恐后地预测下一个科技高点。咖啡不是什么高科技产品，既没有前瞻性技术，也没有高含金量的专利，无法吸引投资者的目光。

同时，舒尔茨自身毫无募资经验。他并不知道有所谓的"合格投资者"标准，而是采用广撒网的方式，与可能投资的任何人谈自己的"天天咖啡"计划。后来舒尔茨在接受美国有线电视新闻网采访时曾提到，在为天天咖啡馆募资时采取的是"高级个人投资者"策略，即"只要能开出支票来的人，都满足投资者要求"。广撒网的募资方式使舒尔茨将大量时间浪费在不具备投资资格的人身上，这些人即使有投资意愿，也往往有心无力。

此外，还有一些投资者从根本上便不赞同舒尔茨的创意与理念。例如，被舒尔茨寄予最大期望的米兰浓缩咖啡机生产商飞马公司，便直接否定了舒尔茨的"天天咖啡"计划。他们坚信，美国人永远不可能接受意大利人享用浓缩咖啡的方式。而在更多的投资者眼中，舒尔茨在全美开设50家天天咖啡馆的计划，无疑是天方夜谭。甚至1986年的《西雅图周报》也认为，舒尔茨"有意将天天咖啡馆设在同一街道两侧"的计划，是不被看好的疯狂设想。

这段为天天咖啡馆募资的时光，被舒尔茨称为"生命中最艰难的一段时光"。他没有工作，没有收入，前前后后与242个人讲述他的计划，其中217个人回答了"不"。令自己兴奋万分的创意却得不到投资者的认可，舒尔茨感觉自己就像一条"低贱的夹着尾巴的狗"。这一段刻骨铭心的经历让舒尔茨在心中暗暗发誓，如果未来自己可以获得成功，即使面对再难以理解的创意，也至少要做到对创新精神表达敬意。所以在舒尔茨重新接手星巴克后，他将"尊重创新"的理念融入星巴克文化中，使其成为星巴克与时俱进、不断前行的生命源泉。

虽然困难重重，但舒尔茨的坚持并非一无所获。经过东拼西凑，舒尔茨最终从约30位投资者手中，筹集到165万美元。这些投资者中，有像阿尼亚·普林蒂斯这样认准舒尔茨的计划一定能够成功的投资者。普林蒂斯是一家金融服务公司的联署董事长，他了解星巴克，也了解意式浓缩咖啡。他认可舒尔茨的理念，并前瞻性地预见天天咖啡馆将会拥有极其良好的发展前景。

但并非每一个投资者都拥有普林蒂斯这样的前瞻性眼光，事实上，舒尔茨的大多数投资者并不理解他的超前创意，甚至对咖啡完全不了解，他们投资的动机与其说是源于舒尔茨的创意，不如说是被舒尔茨本人的诚意所打动。天天咖啡馆的首位外部投资者罗恩·马格利斯是位医生，根本不喝咖啡。他甚至没有看过舒尔茨的商业计划书，也不是很理解舒尔茨的计划，便投资了10万美元。天天咖啡馆的投资者大多是像罗恩·马格利斯医生这样的一类人，他们并不是根据严谨的财务计划、前瞻性的商业预判作出投资结论，而是选择投资给一个自己信任的人。他们在舒尔茨身上押下了赌注，相信他终将获得成功。

舒尔茨像一位斗士，一次次叩开投资者的大门，坚持不懈地诉说自己的咖啡梦想。无论经历多少次失败与质疑，他始终没有放弃。路途越是艰难，梦想的前景反而愈加清晰。最终，舒尔茨凭借自己出色的理念与创意、诚意与坚持，以及所具有的强大精神力量，吸引了一批投资者相信他，相信天天咖啡馆。而这种相信，最终获得了丰厚的回报，恰如罗恩·马格利斯医生当年投资的10万美元，十余年后已增值为1000万美元。

1986年，舒尔茨在西雅图哥伦比亚中心最高的摩天商务大楼租下一间店面，开了第一家天天咖啡馆，之后迅速扩张，在短短1年内开设了3家门店。到1987年，天天咖啡馆每家门店的年均销售额已达50万美元。

二、热心的、幸运的参与者

舒尔茨曾说："如果每一个企业都有一个记忆中心，那么戴夫·奥尔森应该处于星巴克记忆中心的中心，与他同在的还有星巴克的核心目标和价值。"奥尔森被认为是舒尔茨的完美拍档，正是两人的共同努力，夯实了星巴克的价值基础，成就了星巴克文化。

与舒尔茨一样，奥尔森也是一位咖啡爱好者，甚至他的咖啡情缘要早于舒尔茨。1970年，奥尔森在散步时偶然步入了"毕特咖啡与茶"，并由此迷上了咖啡。1974年，奥尔森放弃了木匠的工作，在西雅图大学区开了一家名为"咖啡快节奏"的小型咖啡馆。

"咖啡快节奏"所遵循的理念，与舒尔茨所追求的十分类似。"咖啡快节奏"为顾客提供直接的咖啡饮品，而非售卖咖啡豆。这里是意式浓缩咖啡的圣地，出售浓缩咖啡，以及一种与"拿铁"类似的名为"奶咖"的饮品。"咖啡快节奏"重视咖啡的质量，奥尔森走遍西雅图，只为找到最好的咖啡豆，并在这一过程中结识了众多咖啡爱好者和调制者，积累了丰富的咖啡调制经验。奥尔森甚至发展了一种全新的烘焙方法，这种方法的烘焙程度深于星巴克大多数咖啡品种的烘焙程度，后来成为星巴克浓缩咖啡的通用烘焙方式。

除了销售意式浓缩咖啡产品以及重视咖啡的质量之外，"咖啡快节奏"更强调构建咖啡与人之间的联系。"咖啡快节奏"的节奏其实并不快，它只售卖成品咖啡饮料，不出售咖啡豆或者其他相关商品。即使是售卖咖啡饮料，也不采取满足都市人需要的"外出喝一杯"的经营方式，而是采用一种类似"泡吧"的强社交方式。顾客前往"咖啡快节奏"往往不是为了喝一杯咖啡，而是为了找到一个舒适的公共场所，谈一谈哲学与政治，顺便喝几杯咖啡。这种另类的模式与意式咖啡吧并不相同，反而更多地带有一种波希米亚风。这种风格也被后来的新星巴克吸纳，成为星巴克后期的重要样本之一。

1985年底，当舒尔茨忙于创办天天咖啡馆的各项具体事宜时，奥尔森也在思考在市中心开一家全新的咖啡馆。因此，当他听说舒尔茨同样打算在市中心开一家咖啡馆时，主动发起邀约，希望谈一谈合作的可能。这次见面成效显著，奥尔森发现他与舒尔茨在咖啡馆经营的诸多方面不谋而合，他们同样热爱精品咖啡，钟情于意式浓缩咖啡，重视咖啡发挥维系人与人之间关系的纽带作用。于是奥尔森决定加入天天咖啡馆，接受一周工作24小时而只拿1.2万美元的微薄年薪，成为一个"心甘情愿的、热心的、幸运的参与者"。

奥尔森使天天咖啡馆拥有了一支"既能保持自我，又能同心协力的充满激情的团队"。舒尔茨擅长外部事务，比如筹集资金、沟通协调、门店设计等，而奥尔森所具有的咖啡调制与咖啡馆运营经验，则使其对员工管理、门店运作等内部事务特别在行。两人恰好形成了良好的互补合作关系，舒尔茨将其称为"两种声音，一个观点"。

第二章
CHAPTER TWO

爱意式更爱星巴克

第一节
打造美式的意大利咖啡体验

一、意式浓缩咖啡的别样风味

1983年的意大利之旅,深深震撼了舒尔茨的内心。俘获舒尔茨的不仅是意式浓缩咖啡的别样风味,更是独特的意式咖啡文化。新的灵感使舒尔茨欣喜若狂,他希望将意式浓缩咖啡带回美国,更希望将意式咖啡文化带回美国。这次旅行使舒尔茨更加坚信自己对星巴克发展之路的判断:星巴克迫切需要转型。意大利之旅结束后,舒尔茨开始疯了一般宣传他的意式咖啡理念,而这也使他与星巴克初创者之间的分歧加剧,直至发展到难以调和的地步。

意大利的咖啡吧不只出售优质的咖啡豆,而且供应成杯的咖啡饮料。这使舒尔茨第一次意识到,咖啡店只卖咖啡豆不卖咖啡饮料,就好比交响乐团中没有弦乐器,无疑是不完整的。

意大利的咖啡吧供应的是一种名为 Espresso(意式浓缩咖啡)的精纯浓缩咖啡。这种咖啡在20世纪40年代由意大利人发明,简单来讲就是一种在短时间内急速萃取的浓烈咖啡。意式浓缩咖啡与普通咖啡一样,都是由咖啡豆烘焙、冲泡而成,但冲泡方式并不相同。普通咖啡的调制方法可追溯到1923年普雷斯特"完美咖啡"的制作方法,其本质是一种滴滤咖啡,即将中度研磨的咖啡粉用热水过滤,配合特定的温度、研磨方式、浸渍时间等,使咖啡浓汁在重力作用下自然滴落。而意式浓缩咖啡的冲泡方法则完全不同，其需要将咖啡粉磨得更细，而后倒入滤碗中，以粉锤等工具施以外在压力，用高压热水冲过咖啡粉来冲出咖啡。相比普通咖啡，意式浓缩咖啡的突出特点在于萃取时间更短。Espresso 在意大利语中的本意便是"快"，一杯意式浓缩咖啡仅需 15～20 秒便可萃取完成，一位熟练的咖啡师可以每小时调制出数百杯意式浓缩咖啡。而意式浓缩咖啡往往使用较小的瓷杯或玻璃杯盛装，这使顾客喝的速度也很快，十分适合店面销售。

调制迅速与饮用迅速并不影响意式浓缩咖啡带给人们的浓香享受，甚至在意式浓缩咖啡的基础上，意大利人还创新出了拿铁、卡布奇诺等不一样的花式咖啡。在 1983 年的意大利之旅中，舒尔茨曾学着当地人的样子点了一杯拿铁。这种意式浓缩咖啡加牛奶的组合，令舒尔茨眼前一亮，他从未见过这种喝法，并认为这实在是一种完美的创新，他要把这样完美的咖啡带回美国。

舒尔茨坚信，是他在意大利的维罗纳发现了拿铁，并将其带回了美国。但事实上，无论拿铁还是意式浓缩咖啡，进入美国的时间都远早于舒尔茨的意大利之旅。早在 20 世纪 50 年代，意大利人便将意式浓缩咖啡带入了纽约，即使在西雅图，首辆意式浓缩咖啡流动贩卖车也于 1980 年投入使用，甚至已有几家意式咖啡吧初具雏形，只是他们远没有如舒尔茨般引起轰动。

从意大利归来后，舒尔茨一直试图说服星巴克的初创者开设一家意式风格的星巴克。直到 1984 年春第 6 家星巴克门店即将开张时，舒尔茨终于说服初创者在新门店里划出一小块"试验田"，用于销售意式浓缩咖啡。这片意式咖啡试点没有进行任何广告宣传，却造就了意想不到的轰动。开张当天，选择意式咖啡的顾客络绎不绝，等待的队伍甚至延伸到了店外。美国人对于意式浓缩咖啡的热情超乎想象，特别是拿铁，其兼备浓烈咖啡和甜美牛奶的奇异口感惊艳了美国人，一跃成为美国最受欢迎的饮品。

意式浓缩咖啡并非舒尔茨引入美国的，但舒尔茨却掀起了喝意式浓缩咖啡的热潮，其中一个重要的原因在于，舒尔茨不仅引进了一种全新的咖啡产品，更引进了一种别样的意式咖啡文化。

意式咖啡吧中，柜台后的咖啡师被视为艺术家，彼此并不熟悉的顾客一进咖啡吧便好似熟悉的朋友，大家互致问候、相互寒暄，形成一派轻松愉悦的氛围。在这种美妙的仪式感与强烈的社交氛围中，舒尔茨突然意识到，星巴克错失了什么。一直以来，星巴克无疑是优秀的，它强调品质，致力于提供最优质的咖啡。但与此同时，星巴克更是骄傲的，其精品咖啡的优越感，使喜爱尝试新品、讨论咖啡知识的顾客不时会产生被轻视的失落。而在意大利，咖啡不只是一种产品，更是维系人与人之间关系的纽带。

舒尔茨感慨于意大利人如此了解人与咖啡之间的密切联系，他领悟到咖啡吧的重心不在于咖啡，而在于人。当咖啡刚传入美国时，美式咖啡吧也像如今的意式咖啡吧一样，浪漫而温情。咖啡吧是一个舒适的、如社区般的家庭空间的延伸，是社会生活的一部分。而随着不断发展，咖啡的种类日趋丰富，调制技术日趋成熟，品质不断提升，但咖啡作为"维系人与人之间关系纽带"的最核心意义却丢失了。这种"咖啡生活"在美国仿佛从未存在过，却在欧洲几百年来经久不衰。舒尔茨相信，意式咖啡文化的引入，在某种程度上是一种美国咖啡灵魂的回归，必将引起美国人内心的共鸣，进而将咖啡提升到一个全新的高度。到那时，人们到星巴克不仅是享受一杯咖啡，更是享受咖啡时刻。

星巴克意式咖啡试点的成功，证实了舒尔茨的推测。顾客一边品尝着意式浓缩咖啡的别样风味，一边迫不及待地分享意式浓缩咖啡带来的美妙体验，以及他们对咖啡的热情。不到30平方米的"试验田"中挤满了人，狭小的空间将人与人之间的距离自然拉近，咖啡门店仿佛变成了一个聚会场所。在美国，舒尔茨收获了顾客对意式浓缩咖啡超乎想象的喜爱，以及与意大利咖啡吧中相似的人与人之间的温情。

二、将意式咖啡进行美式本土化改造

天天咖啡馆创立之初就致力于打造绝对意义上的意式风情,通过全盘复制的方式,在美国打造最正宗的意大利咖啡吧。不仅供应的咖啡产品选择意式浓缩咖啡,大到门店的设计,小到店员的打扮,都是纯正的意大利风格。门店内摆放了各类报纸、杂志,不设座椅,播放意大利歌剧,所有咖啡师都穿白衬衫、打领结,甚至饮品单上也满是意大利文。如此,天天咖啡馆的意大利风格不可谓不正宗,但美国与意大利毕竟是两个不同的国家,这种照搬模式未免太不接地气。

舒尔茨很快意识到,将纯正的意大利风格全盘引入,实在与美国环境格格不入。天天咖啡馆应当保留的是意大利式的咖啡体验,而不应拘泥于这些外在形式。于是,当顾客对店内播放的歌剧表示不满时,便换上轻松的音乐;当顾客认为咖啡师的领结太过浮夸时,便让他们摘下领结;在店内增设了座椅,对饮品单的样式也进行了改进。

在对这些意大利风格进行美式本土化改造的过程中,舒尔茨始终保持小心谨慎,生怕对意式咖啡的内核构成损害。例如,针对是否供应外卖咖啡的问题,天天咖啡馆内部便展开了激烈的讨论,最终达成一致意见,虽然纸杯装的外卖咖啡会对口感造成影响,但也不会造成完全的破坏,并且符合公司"快速"的宗旨,又能产生巨大的收益,是个可以推行的方案。类似种种方案,无不经历一个艰难的磨合过程,以使意式咖啡的别样风味与美国文化相适应,与美式生活相融合,最终打造一种美式的意大利咖啡体验。

天天咖啡馆为舒尔茨上了生动的一课,这对其之后带领星巴克走遍全美、走向世界的实践大有裨益。尽管科学技术拉近了人与人之间的距离,世界向着"地球村"的方向不断发展,但不同地理环境、不同国家、不同民族之间仍存在差异性，跨文化冲突在所难免。当接触到一种全新的文化时，人们往往会从最初的好奇、新鲜，逐渐演变为困惑、焦虑，进而产生思想上的混乱与心理上的压力，甚至可能产生排斥、冲突的情绪，这种现象被称为"文化震惊"。如何将这种文化震惊减弱到最小，使不同文化的人们迅速接受、适应，最终爱上一种全新的价值文化，是每一个想要走向世界的企业应当思考的问题。

天天咖啡馆打造的美式意大利咖啡体验，使舒尔茨不得不开始认真思考，在众多看起来同样重要的构成要素之中，哪些是自己的咖啡理念中最核心的部分，哪些又是可以改变创新的地方，应当坚守什么，又可以改变什么。

第二节
鲑鱼吞鲸

一、意外惊喜

1987 年，天天咖啡馆开业一周年，门店已跃升至 11 家，每天都能吸引千余名忠实顾客。按照这个速度发展下去，舒尔茨筹资时设立的开 50 家门店的梦想，似乎并不遥远。然而，早在同年 3 月天天咖啡馆只有 3 家门店时，一个意外的惊喜便打乱了舒尔茨的天天咖啡馆平稳扩张计划——星巴克的初创者决定卖掉星巴克。

早在舒尔茨离开星巴克之时，收购"毕特咖啡与茶"的决定便使星巴克陷入沉重的债务负担中，在西雅图、旧金山两地疲于奔命的局面，且局面在这一年里不断恶化，直至发展到难以为继的程度。星巴克的初创者决定放弃星巴克，专注经营"毕特咖啡与茶"。从他们的理念出发，这一决定并不奇怪，"毕特咖啡与茶"作为美国精品咖啡的鼻祖，显然比星巴克更纯粹、更有价值。

　　舒尔茨决定收购星巴克，固然缘于他放不下的"星巴克情结"，更缘于他相信，星巴克的优质咖啡豆产品能与天天咖啡馆形成良性的互补关系，天天咖啡馆需要高品质的咖啡豆源地与烘焙工厂，而星巴克恰好可以满足这一需求。对于再度回归星巴克，舒尔茨踌躇满志，然而回归之路并不顺利。当时的天天咖啡馆只有 3 家门店，而星巴克已有 6 家。且天天咖啡馆成立才一年，无论是销售量还是影响力都远不如星巴克。因此，这是一场名副其实的以小收大、以弱搏强的"鲑鱼吞鲸"式收购。更为致命的是，四处筹钱创办天天咖啡馆的日子才刚刚过去，投资者的投资回报还未完全显现，甚至此时的天天咖啡馆仍处于亏损状态，而收购星巴克意味着再追加约 400 万美元的筹资，这看起来宛若天方夜谭。

　　舒尔茨并没有因此而选择放弃，他完成了这一看似不可能完成的任务，甚至还在筹资的过程当中，顶住了一位身居西雅图业界领袖高位、极具影响力的投资者的临阵倒戈。尽管过程艰难，但舒尔茨凭借热爱与坚定，还是获得了大批投资者的信任与支持，如愿筹集到足量的资金。

二、星巴克是我的了

　　1987 年 8 月，舒尔茨终于可以向世界宣布："星巴克是我的了。"新店的名字仍叫星巴克，因为"来一杯星巴克"早已深入人心，而能准确读出"Il Giornale"意大利语发音的美国人却寥寥无几。同时，舒尔茨更新了星巴克的 logo（标志），将其变为一个绿色的时尚海妖形象。并向投资者做出了新的承诺：在 5 年时间内开设 125 家星巴克。由此，舒尔茨完成了自己的华丽回归，也开始着手用自己的理念重新塑造星巴克。于是，原本的星巴克变成了"毕特咖啡与茶",而天天咖啡馆成为后来为全球所熟知的星巴克。

值得一提的是,尽管选择了不同的发展道路,"毕特咖啡与茶"同样没有被历史的潮流淘汰。至今,"毕特咖啡与茶"仍是美国最富传奇色彩的"祖师级"咖啡馆,仍是全球咖啡玩家的聚集地。尽管历经数十年,"毕特咖啡与茶"依旧坚持为最懂咖啡的人提供最优质的咖啡豆,并开设了200余家门店。大多数门店集中在加利福尼亚州(下文简称"加州")本土,有部分门店设在其他城市,甚至走出美国,走向中国等其他国家,将最优质的咖啡豆及最先进的咖啡知识带向世界。由此可见,舒尔茨与星巴克的初创者虽然持有不同的理念,却没有高下优劣之分。他们秉承同样对咖啡的热爱、对品质的关注、对理念的坚持,最终收获了不一样的成功。

第三节
重塑咖啡生意

一、体验式经济——让每个人都爱上咖啡

咖啡馆是做什么的?在惯性思维的作用下,想必一般人都会回答"出售咖啡",但舒尔茨却另辟蹊径。他重新确立了星巴克的定位,虽然仍以优质咖啡为载体,却已不只是咖啡,而是"咖啡+第三空间"。

所谓"咖啡+第三空间",意味着星巴克不仅具有供给咖啡饮品的核心功能,更为人们提供一个处于家庭与工作之外的、平等自由的交流场所。星巴克成功

打破了人们对咖啡的普遍认知，使咖啡不再仅仅是一种提神的饮料，更扮演了维系人与人之间关系的纽带角色。同时，星巴克也成功打破了人们对咖啡馆的普遍认知，咖啡馆不仅提供咖啡豆、成品咖啡等咖啡相关产品，更供给以咖啡为载体的独特体验与服务。

这种对自身定位的改变，恰好与后工业时代大众的需求相契合，因而大获成功。20世纪80年代，美国进入后工业时代，随着生产力迅速发展，人民生活日趋富足，人与人之间的关系却逐渐疏离。新技术的发展拉近了人与人之间的物理距离，但快节奏的生活与沉重的工作压力却扩大了人们的心灵距离，可供人们休闲、沟通的空间日趋狭窄。星巴克所打造的"咖啡+第三空间"，恰好为人们提供了一个平等沟通、放松身心的空间，以咖啡为纽带，强化人与人之间的联系，满足了顾客的需求。

体验式服务的融入，使星巴克从诸多竞争对手中脱颖而出，无论是雀巢、麦斯威尔等大型咖啡零售企业，还是街头巷尾的小型风味咖啡店，其业务都与星巴克的核心功能无关，这使星巴克具有不可替代性。同时，体验式服务让咖啡融入全新元素，这种元素既是新鲜而略显陌生的，又是顾客所需要的，因此更能为顾客带来兴奋感，培养顾客忠诚度。此外，体验式服务为咖啡行业的发展带来新的可能，除了着力提升咖啡的口感与品质，更努力增加其附加价值，以咖啡为载体，将产品消费升级为文化消费。

从出售咖啡，到出售以咖啡为载体的独特体验与服务，不变的是星巴克对咖啡品质的坚持。优良的品质是一切服务与体验的基础，也是星巴克发展多年以来无论如何创新都从未改变的追求。在咖啡用料上，星巴克坚持使用深度烘焙、风味纯正的新鲜咖啡豆；在制作上也毫不放松，重视对店内咖啡师进行专业系统的咖啡品鉴和调制方面的培训。星巴克使咖啡开始变得像是另一种"葡萄酒"：咖啡豆的原产地被不断强调，所有咖啡豆都能追溯到产地、海拔、等级、批次；开始尝试不同的制作工艺，力图最大限度地保留咖啡原有的风味与层次。

对细节的追求及对品质的重视，不由让人联想到著名的"82年拉菲"。

同时，体验被打造为星巴克核心价值的一部分，为星巴克带来了一系列全新的变化。为了优化顾客的咖啡体验，星巴克会主动向顾客介绍咖啡的各项知识，包括世界各地的咖啡豆种类、咖啡的发展历史、咖啡的调制方法、各种流行的饮用方式等。除此之外，星巴克更重视通过一系列细节设计，丰富顾客体验。例如，中、大、超大的杯型命名，有别于传统的小、中、大杯型，在为顾客带来更强满足感的同时，更形成一套有别于一般咖啡馆的语言体系，进而使顾客产生一种归属感、仪式感以及强烈的群体认同感。"横着排队"的规则以及"吧台"座椅的独特设计，无不围绕"社交"这一核心，尽一切可能促进人与人之间的交流。

随着星巴克的不断发展，其扩张的步伐不断加速，所面向的市场不仅有美国，更包括诸多咖啡文化并不深厚的国家。这些国家并不缺乏物美价廉的社交场所，咖啡馆作为一种外来文化，充当一种平民化的社交空间，显然并不那么有竞争力。此时，舒尔茨将目光瞄准了具有一定物质基础与精神追求的中产阶级群体，将星巴克打造为休闲享受与商务交流兼备的空间。于是，星巴克在继续保有其交流纽带的意义之余，更增添了时尚、品质生活的意义。

咖啡本身的绝对价值并不高，而当其成为交流的纽带和精致生活的象征，就赋予了星巴克更多象征意义，情感与思想的融入使其相对价值不断增值。这也使得星巴克不至于陷入无休止的价格战争之中，因为其出售的不仅是一杯咖啡，而是一张精致生活的入场券。

二、选好每一家门店

1987年的星巴克，扩张之路才刚刚开启，只有西雅图的两家门店与温哥华的一家门店。舒尔茨迫切希望证明星巴克可以在西北以外的地区发展，他决定在远离西雅图的芝加哥进行试验。芝加哥经济繁荣、气候寒冷，更是一个充满邻里情谊的城市，人们喜爱聚在一起交流沟通。舒尔茨相信，星巴克不仅可以为处于寒冷环境里的人们送上一杯热拿铁，更可以提供一个温暖的社交空间，芝加哥市民一定会和西雅图市民一样，很快爱上星巴克。然而，星巴克在芝加哥的扩张之路并不顺利，门店选址的失误使其付出了巨大的代价。

芝加哥是一座位于五大湖区的"风之城"，之所以获得"风之城"的美誉，是因为这座城市里凛冽的寒风实在令人印象深刻。尽管纬度与纽约、克利夫兰、托莱多相近，却由于紧邻密歇根湖的曲线形湖岸，冷空气可以从北部森林扫过湖面，直接吹向城区。又由于东、南、西三个方向地势较高，唯有北部面向密歇根湖，恰好成为风口，加之中部平坦缺乏遮挡，芝加哥便因"风"闻名。芝加哥的风不以风速或破坏力著称，它的特点在于"一年一场风，从春刮到冬"。风速往往不快，却又干又冷，让人难以忍受。

星巴克在进驻芝加哥时，显然没有进行充足的市场调研。其按照在西雅图开设门店的经验，将门店开设在临街的位置，而非大堂之中。临街的选址可以保障星巴克门店实现最高的可见度，使人们在习惯的生活轨迹中与它不期而遇，进而留下深刻的印象。"两条主路的交叉口"是星巴克最理想的选址地，这是其在西雅图的实践过程中所学会的。但这一实践经验并不适用于"风之城"芝加哥，因为没有人愿意为了一杯咖啡走上街道，直面寒风。

除了在门店的选址方面存在失误外，芝加哥的门店还面临顾客不习惯重度烘焙咖啡豆的口感、房租高昂、人力成本高等问题，加之星巴克芝加哥店开张之时，正值美国股市的"黑色星期一"，诸多不利因素导致星巴克的芝加哥扩张计划并不成功。不仅首家门店被迫关门，之后的3家门店也生意惨淡。两年时间里，星巴克在芝加哥亏损了数十万美元，着实是一场灾难。而这次扩张的失利，也被认为是星巴克"与失败最近距离的一次接触"。

舒尔茨认为，所谓"芝加哥大劫"只是因为芝加哥顾客对星巴克不够了解。

当挑剔的芝加哥顾客越来越了解星巴克后，他们便像西雅图的顾客一样接受星巴克，甚至爱上星巴克，一切只是时间问题。从更深层次看，这种"不了解"是"文化震惊"的表现。虽然同属美国，但芝加哥与西雅图在风土人情方面存在差异，将西雅图的咖啡馆照搬到芝加哥，显然是不符合实际的。这种情况一直到1990年才有所好转，星巴克高级主管霍华德·毕哈彻底消除星巴克在扩张之路上的盲目自信，让星巴克与芝加哥的文化习俗水乳交融。

"芝加哥大劫"为星巴克上了生动的一课，使其深刻意识到，要想在扩张之路上一帆风顺，必须将自己由一个"外来者"改造成比本土企业更了解当地环境与顾客的"行家"，即"因地制宜"。这一理念在理论上简洁易懂，在实际操作中却相当有难度。吸取了芝加哥的教训，星巴克在之后的门店选址及设计中更加谨慎，力争通过充足的先期调研，选好每一家门店。

舒尔茨在西雅图总部组建了专门的地产团队，研究咖啡门店的选址。在选址过程中，不仅需要考虑门店的价位、规模、周边环境，还要考虑门店与当地风土人情及生活模式的契合程度，以及未来发展的可能性与潜在的风险。例如，星巴克通过对美国城市结构进行特性分析，得出门店选址在社区购物中心要总体优于大型购物商场。因为相比停车场围绕在外围的大型购物商场，社区购物中心的零售门店更加"一览无遗"，顾客更有可能选择在门店前停下脚步，喝杯咖啡，聊聊天。

除了专业的地产团队外，星巴克更通过多种方式辅助门店选址。例如，星巴克会通过外卖业务进行初级的市场调研。由于点外卖通常要比直接进入门店购买花费更多的精力，因而点外卖者往往是星巴克的忠实顾客，这些忠实顾客的聚集地无疑是门店的最佳选址。除了对已有顾客的把握，星巴克更通过 GIS（地理信息系统）等先进技术，挖掘潜在的顾客聚集地及发展潜力高地，为门店挑选最佳位置。GIS 通过对不同来源的数据进行采集、处理、分析，得出区域内地理环境、人口密度、消费者分布、商业构成等诸多信息，为开店决策提供支持。

在门店选址方面，星巴克逐渐形成了集选址流程、选址标准、可行性分析于一体的选址策略。门店的选择往往需要整体考量门店与建筑风格的契合度，店面是否拥有对外的展示面，能否吸引更多人群的关注，何时为最佳的入驻时间等因素。充足的前期调研帮助门店与当地环境更好地融为一体，不仅可以有效提升收益能力，更能强化星巴克的品牌形象，使每一家门店成为最好的广告牌。

三、挖掘咖啡新属性

1990年，星巴克新开设了30家门店，并逐渐形成"先在特定区域打造强势效应，再开辟新领地"的扩张策略。1991年，星巴克已在芝加哥站稳脚跟，决定进驻下一个市场。加州成为首个备选方案，因为那里人口众多，且对创新食品持开放态度，离西雅图原料供应地也较近。但从哪里进入加州，星巴克内部存在争议。在不同的进驻路线面前，舒尔茨一锤定音"我们去洛杉矶"。

直观来看，洛杉矶与星巴克的契合度并不高。在地理环境上，洛杉矶气候闷热，没有人愿意在这样的闷热环境下再喝一杯滚烫的咖啡。在生活习惯方面，洛杉矶人偏爱开车而不愿选择步行，让他们中途停下车只为喝一杯咖啡，看起来也几乎是不可能的。但最终，星巴克在洛杉矶大获成功，洛杉矶的每一家门店首年均实现百万美元以上的创收，这是在星巴克的故乡西雅图都不曾实现的。

星巴克在洛杉矶的成功可不仅仅是依靠好运气，而是审慎调研、周密计划的成果。洛杉矶人对时尚拥有极强的敏感性，洛杉矶的好莱坞对全美乃至全球都具有文化引领、文化辐射的作用。于是，星巴克决定彰显自己精致、时尚的风格，让自己受到好莱坞的认可，之后便可以顺理成章地成为洛杉矶甚至整个加州，乃至全美追逐的潮流。

星巴克的确计划将自己率先推向好莱坞，但并没有采用广告宣传的方式，而是用产品与服务征服好莱坞的精英们，让这些引领潮流的人物自觉为其"代言"。这些好莱坞的精英们本身对精品咖啡情有独钟，而星巴克对咖啡品质的重视以及对独特咖啡体验的营造，更是具有非凡魅力，其精致而休闲的气质与好莱坞的精英们所追求的生活恰好契合，因而星巴克咖啡在好莱坞精英圈中迅速流行开来。在洛杉矶，星巴克更强调了"精致生活"的定位，除供给精致的咖啡饮品外，更从背景音乐、店面装饰以及配套服务等细节着手，强化其精致气质。此外，在保证品质的基础上，工艺创新更是不可缺少的。在星巴克，拥有上万种咖啡饮品的组合，足以应对挑剔的顾客。而顺应时令、口味的新品推送，更是为星巴克不断注入新鲜元素，使星巴克始终走在时尚的前沿。

精英群体的喜爱使星巴克免费获得了数百万美元的广告效果，成为时尚的代名词，甚至《洛杉矶时报》都刊文宣称星巴克是"全美最好的咖啡"。同时，星巴克并没有将自己局限于精英群体。合理的定价使其成为一种"多数人承担得起的奢侈品"，足以由精英群体推广到普通大众。这也使星巴克不至于陷入一时的狂热追捧之中，而能在"绝对时尚"的光环逐渐褪去之后，演变为人们难以割舍的一种生活习惯，从而经久不衰。

在星巴克的扩张之路上，最理想的状态当然是星巴克入驻的每一个城市都爱上它，但事实上，大多数城市与星巴克甚至咖啡文化并不完全契合。而洛杉矶的成功便是一个使原本契合度较低的城市接受星巴克，甚至爱上星巴克的经典案例，其中蕴含了星巴克独特的营销策略。而这种策略的核心之处在于找到星巴克与当地文化的更多共通之处，以实现在保持星巴克核心价值的同时，挖掘出咖啡的更多新属性。

星巴克很早便制定了"不只是咖啡，更是体验"的发展策略，高质量的咖啡饮品固然重要，更重要的是为咖啡增添更多附加价值。星巴克希望自己可以成为连接人与人之间关系的纽带，因此将满足顾客情感体验放在了首位。无论是家庭聚会，还是朋友谈心，或是个人享受，星巴克都能提供一个休闲、浪漫的空间，使人们放下芥蒂、放松身心、畅所欲言，具有几乎能够触动每一位顾客的内心，带来愉悦、兴奋、享受与满足的独特魅力。为实现最佳的体验效果，星巴克一方面强调咖啡的优良品质，保持一流的纯正口味，毕竟咖啡本身的高质量是一切附加价值存在的基础。另一方面重视特色门店的建设，对门店设计保持与咖啡同样的高标准，将咖啡文化在潜移默化中传递给顾客。

在"体验"属性的基础上，星巴克在扩张过程中衍生出更多社会属性，这些属性像一个个标签，使星巴克的形象日益立体丰满，由实体的门店转变为一个虚拟化的概念产物。即使从未品尝过星巴克咖啡的人，也对这个概念中的星巴克万分熟悉。例如，星巴克在进驻洛杉矶时便成功挖掘出"时尚"属性，而这一属性也在进驻韩国等崇尚时尚的国家时得到进一步挖掘与深化。面对拥有传统咖啡文化的欧洲国家，星巴克主打"品质"与"创意"招牌；而在进军部分东方国家时，又因地制宜地将自己打造为身份与地位的象征，在选址与定价上均有所侧重。投其所好打造最适宜的标签形象，使星巴克在不同的文化传统面前游刃有余，始终走在潮流的前沿。

新属性的挖掘使星巴克容易找到自己与进驻目的地存在的共通之处，进而为扩张打开合适的切入口，使自己这个"外来者"不至于在陌生的环境中显得过分突兀。同时，有必要使当地人对其形成良好的第一印象。星巴克对良好第一印象的打造，体现在个性咖啡杯、门店小饰品等细节之处，实现地域元素嵌入，使顾客在第一次见到星巴克时，熟悉感与亲切感油然而生。此外，良好的第一印象离不开前期宣传的贡献。早在星巴克位于洛杉矶圣莫妮卡的首家门店开张之前，《洛杉矶时报》便迫不及待地宣传星巴克为何是全美最好的咖啡，这不能不说是星巴克在为进驻洛杉矶提前造势。这种造势会使人们在星巴克到来之前，便对其产生好奇与想象，迫不及待地开始了解星巴克、谈论星巴克，甚至提前爱上星巴克。开业之时的门庭若市，也便成为可以预料的结果。

全方位的造势是一般企业都会采用的营销方式,但星巴克的手段更为高明。有别于普通的广告宣传,星巴克更强调利用口碑等潜移默化的方式。20世纪90年代,多数零售商的推广费用高达每年销售收入的10%,而星巴克的广告和营销预算仅占每年销售收入的1%。星巴克采用的是更加循序渐进、更具亲和力的造势策略,无须打广告,却能产生比广告更好的效果。或是通过接地气的社区活动,或是通过盛大的开业仪式,或是通过温暖的慈善晚宴,或是获得当地媒体记者、美食评论家、知名主厨、餐厅老板的支持……在进驻新市场前,星巴克总是能通过充足的市场调研,找到最能打动当地市民的元素,并积极向其靠拢。

在全方位造势的过程中,口碑营销是星巴克最常采用的策略。所谓口碑营销,便是由独立于市场竞争的第三方向顾客提供宣传信息。由于口碑的传播者是与企业没有直接利益关联的第三方主体,因而他的宣传与推荐相比企业自主宣传更具说服力。在洛杉矶,星巴克通过获得好莱坞精英群体的喜爱,收获了大部分市民的推崇,充分彰显了口碑营销的力量。好莱坞的精英群体在星巴克的口碑营销中承担了意见领袖的角色,他们相较于普通大众更早认识并爱上星巴克,进而成为星巴克的义务宣传员。

新属性的挖掘,无疑可以帮助星巴克在最短时间内收获各地人们的热情,但最多也只能使其成为一个传播广泛的潮流产品。要想保持长久的生命力,星巴克必须保持创意属性与核心价值的平衡。星巴克最根本的价值仍在于提供优质的咖啡以及舒适的社交空间。而这也是星巴克真正区别于其他咖啡馆以及其他咖啡零售商的地方。

舒尔茨打造品牌的方法,核心在于热爱与执着。他深知,一个成功的品牌不仅要有卓越的产品,更要有独特的文化和深刻的情感连接。

重视差异化战略。1983年,舒尔茨的意大利之旅使他被意式咖啡文化深深震撼，他决心将意式浓缩咖啡及其文化带回美国，推动星巴克转型。星巴克意式咖啡试点的成功证实了舒尔茨的推测，顾客们不仅享受意式咖啡的风味，更享受其中的社交和情感联系。这种体验让顾客在品尝咖啡的同时，也能感受到品牌的魅力和价值。他坚信，只有与众不同，才能在激烈的市场竞争中脱颖而出。

融入体验式服务。舒尔茨为星巴克确立了"咖啡+第三空间"的新定位，即除了提供优质咖啡，还打造家庭与工作外的平等自由的交流场所。这一改变契合后工业时代人们的需求，因人与人关系疏离，星巴克提供的"第三空间"强化了人际联系。通过介绍咖啡知识、设计细节等丰富顾客体验，形成独特的语言体系和归属感。其独特的排队规则和座椅设计既促进了社交，也使星巴克成为中产阶级休闲享受与商务交流的空间，兼具时尚与品质生活意义。

注重因地制宜。1987年，舒尔茨决定在芝加哥试验扩张，由于未进行充分市场调研，星巴克在芝加哥的选址失误，加之顾客不习惯其咖啡口感、房租高昂、人力成本沉重，以及股市"黑色星期一"的影响，扩张计划失败。"芝加哥大劫"让舒尔茨意识到，扩张需因地制宜，了解当地环境与顾客。

加强品牌持续创新。舒尔茨认为，一个品牌要想保持活力和竞争力，就必须不断推出新产品和创意。因此，舒尔茨不断挖掘星巴克的社会属性，如"时尚""品质""创意"等标签，因地制宜打造形象，走在潮流前沿。新属性的挖掘帮助星巴克找到与进军城市的共通之处，打造良好的第一印象。星巴克通过细节嵌入地域元素、先期宣传等方式造势，强调口碑营销，由第三方提供宣传信息，增强说服力。如在洛杉矶，好莱坞精英成为意见领袖，推动星巴克口碑传播。

舒尔茨用热爱打造品牌，他通过差异化战略、体验式服务、因地制宜以及持续创新等策略，为星巴克注入源源不断的活力。

第三章
CHAPTER THREE

不断扩大的商业版图

第一节
深耕美洲地区

在美国华盛顿州的西雅图市，耸立着一栋砖红色建筑，建筑顶部有一个醒目的美人鱼 logo，这里正是全球最大的咖啡连锁公司星巴克的总部，其中数千名员工每天都在规划着星巴克帝国的全球版图。

罗马不是一天建成的，星巴克帝国也不是一天建成的。从美国西雅图起家到如今遍布全球，在美国本土的扩张是星巴克全球扩张的第一步。至今，美国依旧是星巴克的大本营。从西雅图到芝加哥再到洛杉矶，美国分布着世界上最密集的星巴克门店，也拥有数量最多的星巴克门店，几乎占据星巴克全部门店的一半。在美国，几乎每个城镇都可以找到星巴克的踪迹。其中，在东海岸，星巴克门店尤为密集，纽约曼哈顿甚至每 6 平方英里就有一家星巴克。

除美国之外，星巴克将自己对外扩张的首站选在美国的隔壁邻居加拿大。早在 1987 年，星巴克便在温哥华开设了首家星巴克加拿大店。到 1992 年星巴克上市时，其旗下的 165 家连锁店也仅覆盖美国和加拿大两国。星巴克在加拿大的扩张之路十分成功，按人均计算，加拿大拥有全球最多的星巴克门店，每一百万个加拿大人就有 40 家星巴克。而在全球星巴克门店数量排名前 20 的城市中，加拿大城市占据了其中三席。

由于加拿大和美国地理位置相近且文化相似，星巴克的扩张之路阻力相对较小，但也开始面临对自身产品、文化的坚守与创新的难题。作为隔壁搬来的"新邻居"，如何在保有自身特色的同时融入新环境，成为摆在星巴克面前的一大挑战。在后来的全球扩张中，面对文化差异更大的东方国度及欧洲诸国，星巴克不断迎接坚守与创新所带来的挑战。而在美国与加拿大的成功实践，无疑为星巴克未来的发展积累了经验。

一、美国：星巴克帝国的第一块版图

20世纪70年代的西雅图已经对星巴克欲罢不能，顾客对星巴克热情高涨，甚至彼此间产生这样的交流："那里根本没有星巴克，你的日子该怎么过？"但舒尔茨拥有更大的梦想，他希望将咖啡分享给更多的人，让每个地方的人都爱上星巴克。当然，覆盖全美是星巴克帝国梦想实现的第一步。

（1）发现伙伴的力量

当人们谈到星巴克的扩张之路时，往往为其扩张的速度之快而震惊。而在快速扩张的背后，星巴克拥有的是更加令人震惊的坚实团队基础。精妙的扩张计划为星巴克的发展提供方向指引，但这些计划的真正落实者是每一个员工。就连舒尔茨自己也承认，"知名的品牌和尊重员工使我们挣了很多钱和更具竞争力，两者缺一不可"。

扩张之路上，面对新的环境、新的顾客群体、新的发展困境，依靠公司原有团队的力量并不能解决问题，此时吸纳新伙伴的加入变得尤为重要。这绝不仅局限于雇佣有才干的人带领公司走出一时的困境，更在于将真正有能力的人集结在一起，形成一个可信任的团队。

当星巴克对美国扩张的成功经验与失败教训进行梳理时，发现门店选址的重要意义，便从纽约聘请了出色的房地产经纪人伊夫斯·密萨依，负责门店的事先筛选与最终拍板工作。每阻止一个门店选址错误的发生，相当于节省了50万美元的开支。由此可见，一个优秀的伙伴可以创造惊人的效益，远超出雇用他可能花费的成本。随后，星巴克又雇用了建筑师亚瑟·鲁宾菲尔德协助门店选址事宜，其创新性地提出了组建统一店面开发机构的方案，以避免内部意见相左可能带来的争论与内耗。统一店面开发机构的设立，不仅使星巴克进军旧金山的速度大大加快，更大大降低了选址失误的发生率。

为使每一家门店都可以最大程度地体现星巴克特色，又不至于花费过高成本，星巴克聘请了来自迪士尼的设计师赖特·马西。星巴克给予马西较大的自主权，使其能够尽可能地发挥好自己的设计才华。马西为星巴克设计了4套基本色彩搭配，以及12种基本装修方案，并编辑了一套包含诸多独特元素的图册。方案组合所创造的无限可能，使得星巴克的每一家门店都显得别具一格，却又巧妙地将成本控制在了预测范围内。同时，马西提炼出一套与星巴克特色完美契合的设计技巧，包括置于门店中央的浓缩咖啡机、内敛协调的配色、暖色调的木材与石材选择等，这些设计无不为顾客带来更加优质的咖啡体验。

谈到星巴克的伙伴，就不能不谈到霍华德·毕哈。霍华德·毕哈于1989年加入星巴克，自加入起便帮助星巴克在"水土不服"的芝加哥站稳了脚跟。好的伙伴是能够为公司带来改变的，这种改变不仅体现在产品、服务方面的创新，或是新模式的探索，更体现在公司价值文化的完善。霍华德·毕哈直截了当地提出了"'人'是决定星巴克成败的关键"。他引导星巴克形成了"顾客为本"的理念，而原本的星巴克更倾向于教育顾客爱上其所供应的咖啡。此外，毕哈引导星巴克更强调"说出自己的看法"，及时的意见表达与充分的民主讨论，对星巴克日后的平稳发展大有裨益。

在星巴克，员工被亲切地称呼为"伙伴"。星巴克在美国本土的扩张，充分彰显了伙伴的力量。"让每个员工成为星巴克的主人"被融入了星巴克的文化血脉，"提供完善的工作环境，创造相互尊重与信任的工作氛围"更是被写入星巴克的使命宣言中。尊重员工、将员工培养成"伙伴"的理念，伴随着星巴克的扩张步伐，走遍了全球的每一个角落。

（2）坚守核心价值

随着星巴克的扩张步伐不断加快，各种质疑的声音也越来越响亮。事实上，总有预言者认为星巴克的发展模式行不通，但星巴克用一次次成功的实践，给予了最有力的回击。

最初的质疑集中于星巴克的扩张之路是难以持续的，甚至每当星巴克决心进军一个新的地方，都面临失败的预言。芝加哥太冷，洛杉矶太热，纽约寸土寸金……几乎每一个城市都存在发展的不利因素。如果过分强调这些不利因素，星巴克必将永远困守在西雅图小城。因此，严谨的调研与市场评估固然重要，坚持自我、饱含激情与勇气更是扩张之路上所不可缺少的。

为保持优秀的咖啡品质，星巴克在很长一段时间内拒绝推行连锁加盟制，拒绝生产人工风味咖啡豆，这一系列做法曾被部分评论家视为放弃扩张机遇的愚蠢行为。当星巴克推行扩店计划时，又有部分评论家站出来质疑扩店会将星巴克的原料链拉长，进而难以保障咖啡品质。这些评论并非完全没有道理，反而在某种程度上拥有充足的科学与实践依据。恰如扩店造成的原料链拉长问题，曾一度成为阻碍星巴克扩张的切实难题。

面对这些难题，星巴克并没有选择放弃自己的核心价值与根本性决策，而是通过积极地探索创新，努力克服这些困难。例如，重烘焙咖啡豆不能久存是精品咖啡界的共识，为了将咖啡馆扩张到距离烘焙厂更远的地方，星巴克发明了一种名为"风味锁定袋"的真空包装，可以抽出袋中的空气，并防止有害气体及潮气的侵入。这使得咖啡豆原料可以供应至千里之外的门店。

星巴克其实不乏竞争者，特别在星巴克小有成就之后，模仿星巴克模式出售意式浓缩咖啡的咖啡馆不计其数，也有部分咖啡馆学习星巴克走上迅速扩张的道路，但无一例外没有创造出可以比拟星巴克的成功。在扩张之路上，星巴克并购了许多同业公司，也依据进军城市的风土人情与时代变迁，进行诸多自我革新，但星巴克依旧是星巴克，它在人们心中的形象似乎从未改变。

面对截然不同的文化、多种多样的人群，星巴克尽力使自己能够满足更多人的需求，但绝对做不到使每一个人都接纳星巴克。事实上，星巴克并不能强迫任何人接受它或爱上它，只能在自己核心价值的基础上努力挖掘出一些与顾客需求相契合的点，尽力使自己做到比顾客想象中要好。但总有评论家埋怨星巴克扩张的步伐太过迅速，或是质疑一个如此熙熙攘攘、流动性强的空间是否能够真正实现放松身心的效果。对于那些有违于核心价值与根本性决策的诉求，星巴克除了无视之外，别无选择。毕竟，放弃一部分顾客，总好过放弃自我。放弃核心价值盲目追逐市场诉求，或许可以为星巴克带来短期效益，但从长远看，带来的只能是灾难。

好在大多顾客认同星巴克的核心价值，至少对其并不反感。几十年来，星巴克始终坚持做世界上最好的咖啡，在咖啡的质量方面作出保证，并始终将优秀的咖啡品质作为自己的一张金名片。总有顾客怀疑，高质量精品咖啡与连锁型批量供给之间，是否存在天然的冲突。星巴克是否真的在出售顶级的优质咖啡或许有待商榷，但星巴克咖啡的品质无疑超过了曾经称霸市场的罐装咖啡与速溶咖啡，并在品质提升的道路上不断努力。而对于大多数并不专业的消费者来说，他们对"优质"或"最优质"没有太强的辨识力。事实上，是否是"最优质"的咖啡，对于他们并没有那么重要，因为星巴克显然已经好过了这些消费者平日所能接触到的大多数咖啡，足以为他们带来"精品"的满足感，并且价格适宜。

同时，星巴克的核心价值恰好与新时代消费者的需求相适应。20世纪末21世纪初，生产力飞速发展，人们的财富水平不断提高，足以追求温饱以外的更多物质享受。与此同时，财富的增加并没有带来等值的幸福感，人们反而患上了严重的"城市病",所承受的压力与彼此间的疏离感越发强烈。越来越多的人倾向于将多余的钱用于购买"多数人承担得起的奢侈品",以获得感情慰藉。一杯温热的精品咖啡,一个精心打造的"第三空间",没有什么比星巴克更能抚慰这些消费者孤独而焦虑的内心了。因此,星巴克并不缺少顾客,每一个身患"城市病"的现代人都是星巴克的潜在顾客。

一个保持本色的星巴克,便足以令诸多人沉迷其中。星巴克在全球的大举扩张,一旦开始便永不停息。扩张计划需要大量资金的支持,而舒尔茨担心采用银行贷款或特许经营的方式筹集资金,会失去对星巴克品质的控制。因此,他最终选择了上市。1992年6月26日,星巴克在纳斯达克挂牌上市。上市当天,成为交易第二活跃的个股,共募集210万股,筹得2900万美元资金。纳斯达克挂牌上市,为星巴克坚持自我、不断前行补足了动力燃料。

上市之后,在充足的资金支持下,星巴克真正踏上了自己的全球扩张之路。此时,质疑的评论已不再集中于认为星巴克的扩张模式难以为继,而开始转向对这种扩张模式展现出的"侵略性"的诟病。星巴克每进入一个新市场都不是悄无声息的,而是咄咄逼人、大张旗鼓地开设数家门店,对本土咖啡馆形成围攻之势。但星巴克的到来真的使这些本土店面的生存空间消灭殆尽了吗?事实恰好相反,星巴克的到来反而使这些本土店面销量大增,美国独立咖啡店的数量也伴随星巴克的扩张获得激增。真正被淘汰出局的反而是那些盲目模仿星巴克成功模式的咖啡馆。这在另一方面印证了,每种发展模式都有自己的优势与劣势,与其盲目模仿他人,不如不盲从,做自己。

(3)保持创新活力

如果说对核心价值的坚守保证了星巴克不在扩张之路上迷失自我,那么时刻保持创新活力则为星巴克的发展创造更多可能。舒尔茨说,"我们喜欢打破规则,做到别人认为不可能的事情"。毫无疑问,创新早已成为一种精神,融入了星巴克的血脉之中。

星巴克强调因地制宜的创新，这种创新体现在其对融合新文化的积极努力，也体现在其为打开新市场的主动妥协。1992年，星巴克准备进军旧金山，但旧金山城区禁止将商场改建为餐饮相关的店铺，这使星巴克不得不调整一贯遵循的社区购物中心门店选址策略。取而代之的是，星巴克选择将店面开设在同样人流密集的购物街上。同时，星巴克积极联络其他的咖啡店主，推动当局出台新政。随着新的城规分区政策出台，星巴克又回归自己的社区购物中心门店选址策略，不可否认的是，对门店选址策略的适时妥协，成为星巴克成功打开旧金山市场大门的一把钥匙。

星巴克强调通过不断自我更新，争取每一个商机，使自己始终保持超前。长期以来，星巴克一直坚持"顾客只能从星巴克店买星巴克咖啡"，拒绝"特许连锁经营"。星巴克反对批售，反对加盟连锁，认为这样会丧失对公司价值理念的坚守，失去星巴克咖啡的灵魂。但星巴克很快就放松了这种控制，因为机场拥有来自全球的庞大人流量，实在是一个不容错过的商机。1991年，星巴克便破例在西雅图的一个机场开设了首家特许经营店，后又将这种机场店铺模式扩展到全美。

创新无疑为星巴克的发展带来了诸多机遇，也带来了许多切实的收益。但这些创新会不会与星巴克所坚守的核心价值相背离呢？舒尔茨相信，并没有。在自传《将心注入》一书中舒尔茨提到，星巴克依据核心价值制定了一系列"不可能做"的原则，也时常会为了实现更大的经济利益进行某种程度的妥协，但星巴克"永远不会将核心价值作为妥协的条件"。

舒尔茨还提到一个"用脱脂牛奶冲兑咖啡"的例子，来印证自己关于"星巴克在原则面前有所妥协，但永不会伤及核心价值"的观点。正宗的意式咖啡遵循用全脂牛奶调制拿铁和卡布奇诺的原则，但在1989年的美国，越来越多的顾客从健康的角度考虑，倾向于选择脱脂牛奶。尽管脱脂牛奶的口感不如全脂牛奶醇厚，会使咖啡的口感受到影响，但为顺应顾客的需求，星巴克最终决定供应脱脂牛奶。舒尔茨认为，无论是加入脱脂牛奶还是果酱甚至啤酒，都是星巴克顺应顾客需求的有益创新。咖啡可以有不同口味，而星巴克守住的是高品质的咖啡豆。

我们可以看到，创新与坚守被同样写入星巴克的理念当中：一是"我们同样信奉对顾客的要求'就要说是'，好的零售商应当越出常规来满足顾客的需求"；二是"我们相信每一个企业都必须代表某种理念，其核心须建立在它最正宗的产品上面，而这种产品只能比顾客自己想要的更出色"。这两条理念看似是相互矛盾的，也常使星巴克的决策者们不知所措。但没有创新，星巴克将无法适应新的环境，无法满足顾客不断升级的需求，也无法实现快速扩张。没有坚守，星巴克发展的根基将会动摇，再庞大的帝国也会因此变得不堪一击。于是，在扩张之路上，星巴克努力维持着创新与坚守之间微妙关系的平衡。

一方面，在一些事物上拒绝创新，绝不妥协。在星巴克发展的初期阶段，不可妥协的事情有很多。试想，如果将特许连锁经营或是"得来速"业务等日后星巴克的创新之举，提上当时星巴克的议程，是决然不能被接受的。如今的星巴克已经较为成熟，几乎没有什么创新是不可尝试的，但围绕"咖啡+第三空间"的核心，仍存在一些不可动摇的原则。一是对咖啡原材料质量的控制。如今的星巴克早已能接受咖啡在口感、外观等方面的创新，甚至在一些节日推出限量版创意饮料，但在咖啡豆的品质上毫不让步。星巴克拒绝化学品或人工添加剂，不计成本地到全球各地购买最高品质的新鲜咖啡豆，以深度、饱满的烘焙方式，将原豆的风味发挥得淋漓尽致。二是坚持打造"第三空间"，重视使咖啡发挥人与人之间的纽带作用。这一原则突出表现在星巴克对员工的关怀、对顾客需求的重视、对社会责任的勇敢担当等多个方面。

另一方面，创新不意味着对传统的全盘否定，而是为顾客创造更大的选择空间。当星巴克开始供应脱脂牛奶冲兑的咖啡时，仍保留经典的全脂牛奶咖啡选项，顾客可以根据自己的需求进行自由选择。当星巴克开始开展"得来速"业务时，传统的门店运营依旧正常运转，传统服务的质量并不会因为能带来更大利润的新业务的开展而"打折扣"。可以看出，星巴克始终对经典产品与服务保有敬意，在创新引领扩张的脚步走遍全球的同时，星巴克始终没有忘记自己是如何出发的。

再一方面，注重及时纠错。当创新变得脱离控制，对核心价值构成威胁时，应当怎么办？星巴克的做法是及时纠错。当顾客抱怨美航飞机上供应的星巴克咖啡索然无味时，星巴克立即对飞机上的咖啡设备进行检查，对操作流程进行规范，并对乘务员进行培训，以供应口感地道的星巴克咖啡。星巴克甚至一度考虑拒绝与美航继续合作，因为若是不能保证咖啡的口感与品质，这种合作只会损害星巴克的品牌形象。相似的情况还发生在星巴克对牛肉三明治供给、门店盲目扩张等事件的处理上。创新是有益的，但如果创新对企业的核心价值构成威胁，牺牲创新可能带来的短期效益，及时纠错，保持企业的长足发展，便显得尤为重要。

二、借力打力，占领加拿大咖啡市场

1987年，星巴克走出美国，进入加拿大市场，在不列颠哥伦比亚省温哥华开设了第一家国际店。而这也是星巴克在西雅图之外的首家分店，甚至早于美国本土的芝加哥和洛杉矶分店。

星巴克为什么会选择加拿大？首先，加拿大拥有浓厚的咖啡文化，加拿大人无论对咖啡还是咖啡馆都足够熟悉；其次，加拿大不是一个出产咖啡的地方，但是加拿大人的咖啡消费量巨大；最后，喝咖啡不仅是加拿大人的一种大众消费，更是一种交流方式，这与星巴克"咖啡+第三空间"的定位十分契合。

同时，作为美国的隔壁邻居，加拿大无论在地理位置还是在文化习俗上，与美国都有相近之处。星巴克看到了温哥华与西雅图消费者人口统计数据的相似性，并敏锐地捕捉到这是一个难得的机遇。进军加拿大，是对美国市场的成功借力打力的结果，更是一次大胆的试验。星巴克希望从美国的邻居着手，试验自己的咖啡模式能不能走出国门，适应美国以外的国家。幸运的是，在加拿大的试验大获成功，加拿大甚至成长为全球人均拥有最多星巴克门店的国家。以此为基础，星巴克开始正式踏上自己争霸全球的道路。

（1）密集型扩张战略

1991年，恰逢星巴克进入加拿大市场的第5个年头。在这一年，星巴克最赚钱的门店并不在美国本土，而在加拿大温哥华的罗布森大街十字街口。但这家门店的房东却计划在年内收回店铺，进行重新装修。这意味着在翻修期间，这家最赚钱的门店将无法营业，而物色新店的进程并不顺利，这不禁让舒尔茨忧心忡忡。

罗布森大街位于温哥华的繁华闹市，这里每天熙熙攘攘，是开设门店的绝佳位置。将门店选在他处，不知道咖啡销量还能不能创造同样的好成绩。突然，一个"疯狂"的想法从舒尔茨心底涌现：为什么不在这里再开一家星巴克呢？旧门店的对面恰好有一间空店面，舒尔茨下定决心租下这间店面，开一家与旧门店近在咫尺的新门店。

罗布森大街的新旧门店一个是1099号，一个是1100号，这两家近在咫尺的门店，不但没有形成竞食现象，相反，它们创造了"星巴克最赚钱的两家店相距不过14米"的新传奇。如今，这种近在咫尺的门店布局模式，拥有一个独特的名称，即"星巴克双子店"。双子店对于星巴克早已不再是新闻，美国俄勒冈州甚至有两家星巴克仅隔3.7米，而没有人对此感到诧异。加拿大门店困境带来了意想不到的收获，推动星巴克将密集型扩张战略做到极致。

密集型扩张战略的制定，出于星巴克对自我发展与市场前景的信心。在罗布森大街的十字街口，舒尔茨看到不同的角落涌动着截然不同的人流，而这些人都将是星巴克的潜在顾客。舒尔茨相信，精品咖啡的市场不会被轻易注满，新的顾客会不断出现。一家门店所能满足的顾客量始终是有限的，门店空间与咖啡制作量等客观因素的限制，一定会将无数潜在顾客拒之门外，而这使下一家新店永远具有存在的价值。统计数据也印证了，即使是星巴克这样的巨头，在庞大的咖啡市场面前也相形见绌。星巴克每天可以为全球 700 万名顾客提供服务，而全球人口每天会喝掉 20 多亿杯咖啡。正因如此，星巴克对于通过开设"双子店"进行地毯式布局的做法乐此不疲。新店初开时，的确会从旧店抢走部分顾客，但不出几个月，就会有新的顾客出现，使两家店都顾客满盈。

同时，密集型扩张战略与星巴克"咖啡＋第三空间"的核心定位相一致。所谓"第三空间"，强调的是以咖啡为纽带的"联系"的建立，具备"高度接触性"的重要特征。要想使人们乐于选择星巴克作为休闲、交流的空间，第一要点便是易于寻找、易于到达，即让星巴克彻底融入人们的生活，真正实现无处不在。毕竟，对于休闲社交场所的选择，人们往往不会刻意计划，而是乐于选择最便捷的地点，最好步行就可以到达。

此外，在大多数人眼中，"星巴克双子店"布局太过惊世骇俗，反而能够产生良好的宣传效果。当看到两家门店毗邻而设，一般人会在心中形成一个大大的问号：为什么同一地方会开设两家星巴克？这两家星巴克有什么不同之处？这种疑问会吸引顾客不自觉地走进门店，探索其独特布局背后的秘密。

在经济学家眼中，"星巴克双子店"式的密集型布局并非星巴克的率性之举，其背后蕴含着充分的理论依据。密集布局的门店会加深当地人对星巴克的品牌印象，提升顾客的消费频率，使其产生路径依赖，进而增强品牌黏性。并且，高密度的布局会对顾客形成有效分流，缩短单店排队等候时间，提升销售效率，优化服务体验。更为重要的是，密集经营形成的规模效应，可以有效增强星巴克的盈利能力。这个道理不难理解，一个原料供应厂周边的门店数量越多，其固定费用率就越低，盈利能力也随之增强，更容易供给标准化且高品质的咖啡。通过这一系列的理论分析，"星巴克双子店"布局便没有那么难以理解了。

另外，"星巴克双子店"并非两家完全相同的门店，反而常常风格迥异。例如，罗布森大街的新旧门店从整体装修风格上便可以看出明显的差异：旧店整体采用铬黄色调，鲜艳抢眼，具有明显的意大利风情；新店则采用了与之完全相反的柔和色调，更显低调奢华。这种差异性不仅体现在外部装饰上，在供应的产品方面，星巴克也会倾向于进行不一样的尝试，使两家邻近的门店由内而外散发出不一样的气质。风格差异明显的店面设计以及产品供给上的差别，会最大限度激发顾客的好奇心，使其在光顾其中一家门店后，便迫不及待地前往另一家门店，体会不一样的星巴克。而不一样的店面设计与产品往往能够吸引截然不同的顾客群体，使星巴克能够满足更广泛顾客的需求。对于顾客来说，如果不喜欢这家星巴克，不妨多走几步看一看下一家，在如此多的星巴克门店当中，总会找到适合自己的那一款。

除了标志性的双子店外，为落实密集型扩张战略，星巴克还提出了"轮毂和车辐"的扩张模式。所谓"轮毂"是指城市的中心地带，星巴克会率先选择在这一地带密集布局门店；而所谓"车辐"是指扩张区域，即由"轮毂"区域辐射出去的区域范围。简单来讲，就是"密集开店、区域深耕"。即先选择一个中心区域，通过地毯式的门店布局站稳脚跟，进而辐射附近地区，或是扩张到下一区域。星巴克的扩张策略一向是强势而富有侵略性的，例如1996年进入加拿大安大略省多伦多市场时，星巴克在同一天开张了5家新店，并在第二个月，又于同一天增添了5家门店。星巴克甚至会按照市场可能承载的门店数量，对市场进行划分，并十分俏皮地将这些不同门店承载量的市场，按照咖啡杯的命名规则，进行"超大杯市场"之类的命名。

自从加拿大的"双子店"开设之后，人们常能在全球各地看到新的星巴克门店密集出现的景象，并渐渐见怪不怪。人们甚至开始为了选择去哪一家星巴克而左右为难。星巴克似乎永远在开设新店的路上马不停蹄，一个庞大的咖啡帝国正随着一个个门店的建立而迅速崛起。

（2）迎战天好咖啡（Tim Hortons）

咖啡是加拿大文化生活不可缺少的组成部分，大大小小的咖啡馆是加拿大一道独特的风景线。进军加拿大，必然会使星巴克直面加拿大的本土咖啡馆。这些本土咖啡馆拥有更加良好的顾客群基础，对本土市场更加了解，并早已形成较为扎实的布局。而星巴克，无疑是一个格格不入的"外来者"，稍有不慎甚至会演变为一个令人生厌的"入侵者"。

在加拿大，星巴克需要面对的首要"劲敌"就是加拿大国民品牌天好咖啡。天好咖啡的历史要久于星巴克，其于1964年由冰球运动员Tim Horton（提姆·霍顿）和Jim Charade（吉姆·查普曼）在安大略省汉密尔顿市创立，创立不久便稳坐加拿大快餐连锁业头把交椅。天好咖啡长期以来深受加拿大民众的喜爱，被誉为美誉度第一的国民品牌，加拿大的民族骄傲。加拿大人对于天好咖啡拥有着别样的感情，不仅局限于对某一产品或品牌的热爱，而更多地浸染了民族主义的色彩。恰如加拿大著名作家皮埃尔·布雷顿写的那样，"天好咖啡的故事其实就是加拿大人的故事：一个成功和悲剧的故事，一个源于小镇的美梦成真的故事，一个恪守传统价值观、在商海沉浮中不屈不挠的故事，一个拼命工作和冰球的故事"。

当星巴克决定进军加拿大时，或许没有考虑这么多因素。温哥华店是星巴克在西雅图之外的首家分店，温哥华与西雅图同为北美西部城市，相互间仅有一界之隔，就连气候也是相似的阴雨绵绵。在舒尔茨眼中，在温哥华开设一家门店，或许与在芝加哥或者洛杉矶并无二致，甚至可能更容易一些。但当真正进入加拿大市场时，星巴克则不得不直面加拿大人人手一杯天好咖啡的局面，同业竞争开始变得难以避免。

其实，在扩张之路上，同业竞争是一个不得不面对的问题。即使在美国本土，星巴克也面临着诸多挑战者。例如，在进军芝加哥时，星巴克就发现当地人早已习惯在当地连锁便利店——白母鸡便利店购买咖啡。而当跨出国门时，同业竞争的压力被进一步放大。同样经营多年的本土企业，积累了丰富的经验与人脉，并可能与星巴克有着相似的扩张布局。而在民族情感的驱动下，当星巴克与本土企业发生正面冲突时，大多数当地人会更倾向于与本土企业站在一起。于是，星巴克势必面临民族主义与水土不服的双重夹击。

当然，相比于本土企业，星巴克也拥有自己的竞争优势。作为一个外来者，星巴克能够为相对固化的本土市场带来一些新鲜元素，而这些新鲜元素足以激发一大批当地人的猎奇心理，吸引他们自发去体验美国的咖啡馆与本土咖啡馆究竟有何不同。同时，缜密的扩张计划与标准化的服务流程，使星巴克的扩张步伐异常迅速，总能找到合适的切入点进军新市场。

如果一定要让当地人在外来的星巴克与本土的咖啡馆之间做出选择，无论从民族感情还是消费习惯来看，星巴克或许都不占优势，尤其当竞争者是天好咖啡这样被冠以"民族的骄傲"的企业。好在咖啡的消费市场足够庞大，使星巴克与本土咖啡馆不至于陷入零和博弈的尴尬境地。星巴克与本土咖啡馆之间"二选一"的难题，或许只会在民族主义者的脑海中上演，而从未演变为现实。事实上，星巴克与本土咖啡馆之间的竞争关系固然存在，但大多数时候双方可以实现和平共处，甚至会进行某种程度的合作。于是，我们可以看到，在越来越多的星巴克出现在加拿大的大街小巷时，天好咖啡依旧大受欢迎。2017年天好咖啡跌落"加拿大最受欢迎的咖啡"榜首，更多的是由于自身运营方面出现的问题，而非与星巴克竞争的结果。

除了足够庞大的咖啡消费市场外，零和博弈从未真正上演的原因还在于没有任何一家本土咖啡馆与星巴克完全相同。以天好咖啡为例，其在基础定位上就与星巴克截然不同。严格意义上讲，天好咖啡是一家连锁快餐店而非咖啡馆，除咖啡之外，它更提供蛋糕、三明治、甜甜圈，被认为是"加拿大人的早点铺"，甚至其最初的名字是蒂姆霍顿甜甜圈（Tim Horton Donuts），而非天好咖啡。而星巴克始终坚持"咖啡+第三空间"的核心理念，星巴克的核心产品只有咖啡，一切产品与服务都是在咖啡的基础上衍生出来的。虽然同样出售咖啡，但天好咖啡和星巴克，一个是快餐店，一个是咖啡馆，彼此间的差异性十分明显。天好咖啡可以提供美味的便民快餐，星巴克可以提供纯粹的咖啡体验，从这一角度看，两者的确可以实现和平共处。

同时，天好咖啡与星巴克面向的顾客群体并不完全相同，所采取的发展策略也有所差异。虽然同为面向大众的连锁企业，天好咖啡选择的是"普惠大众"的亲民路线，采取低价+特许经营策略，最大杯的咖啡也只卖两加元，其目的就是让顾客把咖啡作为每天生活中的刚需。星巴克则将咖啡打造为一种"多数人承担得起的奢侈品"，其面向的主要消费群体是追求精致生活的中产阶级，强调的是咖啡带给人们的时尚、浪漫体验。从这一角度看，天好咖啡与星巴克虽然在"销售咖啡"这一业务上有所重叠，但此"咖啡"非彼"咖啡"，即使产品上有相似之处，内涵价值也大有不同。

天好咖啡在加拿大无疑是十分受欢迎的，提到加拿大最具象征意义的东西，除了枫叶、冰球、冰酒，就是天好咖啡。像星巴克的超大杯、大杯、中杯一样，天好咖啡在加拿大也拥有自己的"暗号"。如果一个美国人在天好咖啡听到加拿大人点单时报出"Double-double"，一定会一头雾水。"Double-double"即加拿大人最爱的双份糖双份奶咖啡，这一用法甚至被收录到《牛津加拿大英语词典》中。而天好咖啡也格外珍视这一份民族情怀，不仅为加拿大的警察们免费提供咖啡，更在加拿大国家咖啡日的10天时间里，送出了数百万杯咖啡。

在民族情怀方面，星巴克作为一个外来者拥有绝对的劣势。它必须努力营造出一个友善的、为加拿大人民带来便利的形象，并谨慎地淡化自己的美国色彩。梦想、爱与责任，是星巴克不断提及的词语，这些价值观在全球任何一个国家都会被认可，并且不具有威胁性。同时，星巴克也注重在日常行动中释放自己的友善。从免费冰红茶、1元无限续杯等细节，到伙伴计划、员工福利，再到社区服务计划、青年工作安置计划等计划的实施，星巴克积极承担社会责任。在加拿大，星巴克曾连续多年被评为最具社会责任感的公司、最佳50家企业公民、最具可持续发展企业、加拿大年轻人最佳雇主、加拿大最佳外国企业公民等称号，打造了良好的企业形象，受到加拿大民众的认可。

明确自我定位、打造良好形象，是迎战天好咖啡带给星巴克的宝贵经验。除此之外，星巴克亦从开发具有加拿大特色的新产品、以会员制降低价格等方面着手，丰富竞争优势，以尽可能温和的方式扩大市场份额。

（3）打破常规思维

在美国本土市场的布局中，星巴克强调创新的力量，以利润为导向打破常规思维，创造了许多"不可能"实现的奇迹。走出美国，星巴克将这种创新意识带向了海外市场。

星巴克对常规思维的打破首先体现在产品的创新上。不断研发出的新产品，是企业的生命源泉。对于星巴克来说，高品质的经典意式浓缩咖啡是十分重要的，开发出混合配方、新口味的咖啡同样是不可缺少的。这些独特的创新，包括星冰乐（Frappuccino）等冰咖啡饮料，与百事可乐合作开发的马扎格兰（Mazagran）瓶装碳酸饮料，甚至浓缩咖啡黑啤酒、咖啡冰淇淋。这些创新产品一经推出，往往大受欢迎，尤其对于广大的年轻人群拥有特殊的吸引力。

这些新产品虽然在外观、口感等方面与传统产品大不相同，甚至在制作方式上也已跳出传统窠臼，但所有的创新都是建立在优质原料基础上的。星巴克不仅没有以牺牲咖啡豆的原始风味为代价，反而使精品原料的风味得到充分提升，这无疑是值得欣慰的。产品的创新使星巴克拥有更为广泛的受众，同时又没有偏离对核心价值的坚守。"星巴克总是在做对的事情，"星巴克加拿大和太平洋西北区区域副总裁莫里斯说，"也正因如此，顾客会对我们产生足够的信任，进而使我们能够推出更多新产品"。

在新产品的研发上，星巴克强调因地制宜，在产品中融入更多更具地方特色的新元素。作为一个移民国家，加拿大的文化具有包容性，其在拥有悠久咖啡文化的同时，还拥有浓厚的茶文化氛围。立足加拿大茶文化，星巴克于 2018 年推出茶瓦纳拿铁（Teavana Tea Lattes）系列新品，将优质原片茶叶精细研磨，加入新鲜全脂牛奶和蔗糖，味道更加顺滑、醇厚。同时，加拿大又是重要的枫糖产地，全球 80% 的枫糖产自加拿大。于是，星巴克选用加拿大魁北克地区出产的枫糖，研制新品枫糖玛奇朵。类似种种具有地方特色的产品创新，由于地方元素的融入易引发当地人的共鸣，进而大受欢迎。

同时，星巴克还着重推出一系列时令新品，不定期为顾客制造一些"小惊喜"。秋季推出的烤全麦拿铁和南瓜拿铁，都是十分成功的"时令咖啡"。无论全麦麦片还是南瓜，都是秋季收获的新品，新鲜的原料搭配咖啡的醇香，带给顾客不一样的新鲜体验。这些新品往往与时令联系紧密，受区域限制不大，因而极易受到不同地区顾客的推崇。

除了开发新的咖啡产品之外，星巴克的创新之处还体现在努力进行业务拓展，出售咖啡以外的其他产品。比如在加拿大，基于当地的人口结构及顾客的消费习惯，星巴克尝试供应啤酒及葡萄酒等酒类饮品，甚至拓展出了食品业务。包括烤饼、羊角面包、摩卡蘸蛋糕、蓝莓松饼等烘焙食品，以及意式薄饼三明治、意大利面、沙拉等意式风情食品。

这些产品作为咖啡的辅助，承担重要的引流作用，并同样遵循星巴克的核心价值。例如，烘焙食品与咖啡相同，都强调优质的原料，以及始终如一的产品质量和生产能力。星巴克会通过口碑测试等方式，选择拥有良好声誉与优秀品质的面包店作为供货商，以最大限度保证质量。与咖啡相同，星巴克在烘焙产品供给上也强调打造一两款经典产品，如经典咖啡蛋糕、枫树燕麦坚果烤饼、肉桂卷等，保证这些经典产品在全球的星巴克中拥有相同的味道。同时，结合不同顾客偏好，进行适当的创新，以适应独特区域偏好和品味特征的要求。如温哥华与维多利亚的星巴克司康饼便不相同，维多利亚的咖啡曲奇也比温哥华的多加入茴香、浓咖啡等不一样的元素。归根到底，这些烘焙食品或者酒品，都是作为咖啡的辅助品而存在的。星巴克的核心产品有且永远只有咖啡，其他的创新产品在推出时必须考虑其与咖啡的兼容性，以便凸显精品咖啡的价值，提供更加丰富的星巴克体验。

除产品之外，星巴克对常规思维的打破还体现在对合作商的选择上。为了使更多顾客在更多的地点享受到星巴克体验，星巴克除了开设大量门店外，更通过选择合作商的方式，与机场、书店、酒店、百货店等合作销售产品。

在加拿大安大略省的伯灵顿，以及不列颠哥伦比亚省的里士满和本拿比，可以看到开在恰比特（Chapters）书店内的星巴克。星巴克与恰比特的合作始于1995年，在之后的几年中，星巴克的标志遍布加拿大从东到西的每一家恰比特书店。恰比特是加拿大第一连锁书店品牌，在加拿大颇负盛名，只是大多数人并不会将咖啡与书店联系到一起，甚至会质疑咖啡馆的商业气息与书店的文化气息格格不入。但星巴克发现，书店带给人们轻松、愉悦的感受，以及浪漫的艺术气息，与星巴克所宣扬的"第三空间"核心理念不谋而合，甚至能够创造咖啡与书的双重美好体验。星巴克把人流吸引进书店小憩，而书店也发挥了为咖啡馆引流的独特作用，合作双方在互不侵犯对方领地的前提下，实现流量共享、体验加倍、互利共赢。

（4）标准化的胜利

加拿大星巴克虽然融入了枫糖、茶等部分本土元素，但还是可以看到美国模式的影子。无论产品设计、服务定位、店面布局等，几乎都是美国星巴克的翻版。从某种意义上讲，星巴克在加拿大的成功，是美国星巴克模式的成功，或者是标准化的成功。事实上，星巴克在之后的全球扩张中，逐渐形成了高度标准化的作业方式，在扩张模式实现高速可复制的同时，最大限度保证质量。

作为一家连锁企业，星巴克拥有一套自己的作业方式，从咖啡调制到门店设计再到员工培训，甚至具体到水的温度、咖啡豆的形状、杯子的规格等细节，每一部分都是规范化、标准化的。

星巴克对标准化作业的要求异常苛刻，对时间的管理甚至具体到每一秒。调制一杯浓缩咖啡的时间被控制在 18～23 秒，必须在 10 秒以内送到顾客手中，否则就必须全部倒掉。保鲜袋对咖啡豆的保鲜时效被控制在 7 天内，7 天以内销售不完的咖啡豆也将被全部倒掉。这些因未达标准而被倒掉的咖啡豆与咖啡的损失，被计算在运营成本中。星巴克宁可牺牲这小部分成本，也要保证标准化，以实现保质高效扩张的更大效益。

标准化看似增加了部分成本，实质上却可以帮助星巴克有效实现成本控制。标准化统一作业，使全球各地的星巴克门店的产品与服务实现整齐划一，独具星巴克特色。不仅具有代表性，更实现了规范化管理与最佳效益。事实上，标准化恰恰是现代连锁企业运营管理的核心内容。通过标准化，可以将流程统一固定在简化、协调的最优水平。例如，星巴克的咖啡原料都经过精挑细选，然后送到烘焙车间炒制、混合，再被装入保鲜袋运到星巴克各大门店及批发商手中。流程的标准化使每个员工可以有条不紊地完成工作，不会因思考下一步该做什么而浪费时间,进而将整体效率保持在较高水平。同时,标准化可以将不可控制因素的影响降到最低,避免个人失误对整个企业造成的损失,进一步降低成本。

同时,标准化还可以有效保证星巴克品质的稳定性。以原料的选择为例,标准化使星巴克的咖啡豆从品种到产地、口感都保持在较高水平。星巴克甚至设立了咖啡杯评制度,确保进入市场的每一粒咖啡豆都是合乎标准的优质原豆。标准化的原豆筛选,配合同样标准化的精准烘焙,使精品咖啡的滋味得到充分释放,保证咖啡的高品质。同样,为了营造良好的"第三空间"咖啡体验,星巴克在门店装修、员工培训、服务流程等方面都推行标准化,并成效显著。标准化作业使处在全球不同地理、文化环境中的星巴克门店,都保有相同的核心价值,使顾客进入任何一家风格迥异的星巴克门店时,都可以意识到自己身处星巴克。千店千面,却不失一定之规。

标准化的实现需要规范化的制度设计,更需要严格的监管体系,将标准化落到实处。在监管方面,星巴克别出心裁地尝试"神秘顾客"制度。当然,这一制度并非星巴克的专利,而是流行于肯德基等诸多连锁企业中。但这一制度在连锁企业中的流行,也从侧面说明它在标准化落实方面颇具成效。从社会上招募一批检查人员进行专业培训,使他们了解星巴克的产品、服务标准,再以一般顾客的身份不定期地光临各地星巴克,并对各店产品、服务进行打分。这些"神秘顾客"来去无踪,使各门店不敢怀有侥幸心理,从而不折不扣地落实总部的标准,将每一个顾客当作"神秘顾客",提供最优质的产品与服务。

通过标准化,星巴克真正从一家家彼此相对独立的咖啡馆,成长为一个享誉全球的品牌。标准化的胜利亦是品牌的胜利,不仅推动星巴克成功进军加拿大市场,更推动星巴克实现模式复制、自我生长、无限扩张,既快速又稳健地走出美洲、迈向全球。

第二节
在东方国度里盛开

1996年，星巴克作为连锁咖啡店，为寻求更广阔的发展而进入日本。舒尔茨亲自飞抵日本东京，为第一家海外店助阵，开启了星巴克的国际化进程。从入驻日本开始，星巴克便大力开拓亚洲市场。从1996年到2000年，星巴克进入了除印度尼西亚外的所有亚洲国家和地区，将亚洲打造成其重要市场。将亚洲作为美洲之外的海外扩张第一站，对星巴克扩大市场占有率大有帮助。

这固然是因为亚洲咖啡原料资源丰富，可以为星巴克的咖啡业务提供巨大的拓展空间，成为星巴克优质阿拉伯咖啡豆的来源地，更因为20世纪80年代，亚洲经济呈现出的繁荣发展态势。星巴克能够在亚洲运营成功，无疑得益于优质的产品和服务、明确的市场定位以及积极的营销策略。星巴克能够在亚洲掀起热潮，关键还是在于其对世界经济及各国政策变化的关注，以及对亚洲市场良好发展前景的坚定信心。星巴克牢牢抓住亚洲经济崛起的机遇，进入"亚洲四小龙""四小虎"国家。在日本，更是抓住政府大力禁烟的时机，在以吸烟人士为主要消费群体的日本传统咖啡馆面临危机时，顺势进入日本市场。

与此同时，星巴克在亚洲进行扩张时，还将"入乡随俗"的本土化创新文化发扬光大。跨国企业在海外立足的根本在于入乡随俗，实行本土化经营，星巴克也不例外。星巴克针对亚洲的传统和特点，推出了绿茶口味的咖啡。针对亚洲夏季气温高，不适合喝热咖啡的特点，推出冰咖啡，使需求差异问题迎刃而解。日本星巴克连锁店负责人中田计子不禁感叹："我们此前预料到星巴克咖啡会在亚洲市场畅销，但却没有料到它会发展得如此迅速。"

从1996年在日本东京开设第一家门店以来，星巴克用了20多年的时间从西雅图走向全球。在星巴克国际化的过程中，数十年如一日地对咖啡品质、店内极致体验的追求和对顾客、合作商、伙伴等所有人的尊重，为其赢得了属于自己的文化积淀，更使其在不同国家、民族间的地理环境差异、文化冲突面前游刃有余。咖啡是西方的，星巴克是美国的，而星巴克的咖啡文化却是全世界的。这种对较具普适性文化的关注和培养，使得星巴克全球扩张的道路异常顺利，并在咖啡文化并不盛行的东方国度里大获成功。

一、在日本，敲开东方国度的大门

二十世纪八九十年代正是亚洲经济飞速发展阶段，星巴克看准时机，选择咖啡已经遍布人们生活的日本，作为海外扩张的第一站，为日本带去独特的星巴克咖啡文化。1996年，星巴克在东京银座开设第一家门店——银座松屋通店，并迅速发展开来，门店的数量上升到千余家，遍布全日本的都道府县。选择日本作为海外扩张第一站，并非盲目为之，而是经过战略考量严谨选择的结果。东方国度大都拥有很深厚的茶文化，对于咖啡文化存在天然的抵触心理。为了使企业迈向全球化的第一步能够足够稳固，星巴克选择了对咖啡并不陌生，且对美国文化有好感的日本，作为进入亚洲的第一站。

在星巴克进入日本之前，日本的咖啡文化已经逐渐形成了自己的特色。日本人强烈的"仪式感"以及极致的钻研与创新精神，决定了日本咖啡文化绝非西方咖啡文化的复制品，而更多的是多国文化元素碰撞与融合的成果。日本就像一块海绵，对外来文化具有强大的吸收与消化能力，并加入自身元素进行有效内化，实现本土化的改变。日本人对咖啡进行各种改良，创造出冰镇咖啡、抹茶咖啡、圣代咖啡、拉花咖啡等，别出心裁到超乎人们的想象。像炭烧咖啡，就是日本人对咖啡豆烘焙方法改良的成果，用炭火烘焙出的咖啡豆，香醇地道，色泽深邃。还有咖啡中的极品——蓝山咖啡，这种被誉为"咖啡美人"的奢侈咖啡，在半个世纪前就几乎为日本所垄断。日本的咖啡馆中也融入了许多日本特有的文化元素，甚至诸多动漫元素，这是在其他国家的咖啡馆中很难看到的，极具日本色彩。

日本的咖啡发展史不太长，短短300多年，却可以称得上百花齐放。但这并没有阻碍星巴克进军日本的步伐，遵循保证质量、重视人文、找准定位、因地制宜的原则，星巴克在日本得到了显著发展。

（1）直逼日本生活底蕴的"市场考察"

1700年左右，当咖啡第一次由长崎出岛的荷兰商馆传入日本时，人们对它还抱有厌恶之情。作家大田南亩曾在散文集《琼浦又缀》中这样描述咖啡："豆子炒得黑黑的呈粉状，与白糖搅拌后饮用，味道焦苦根本无法适应。"直至明治维新结束了日本锁国政策，日本社会掀起"西学之风"，人们在渐渐接受西方工业文明的同时，开始尝试接受他们的生活方式，包括喝咖啡。咖啡被认为是西方先进文化的代表，在日本贵族间广泛流传。与庄严肃穆的茶道馆比起来，自由随性的咖啡馆更容易受年轻人的欢迎。因此，在打开国门、开放思想以后，咖啡迅速成为日本炙手可热的大众饮料。从20世纪90年代开始，咖啡馆已经逐渐成为日本城市街头的独特风景，去咖啡馆则成为日本人生活的一部分。

在星巴克进入日本前的一段时期里，日本已经拥有几家大型的连锁咖啡店，但主要供那些上年纪爱吸烟的顾客在下午消磨休闲时光。这些日式咖啡店里大多光线昏暗，烟雾缭绕，提供便宜的混合咖啡。星巴克敏锐地捕捉到了进入日本市场可能面临的两大难题。第一个难题是，实行全店禁烟。在美国，星巴克一直实行全店禁烟；而合作的日本商社认为，日本商务人员的吸烟率比较高，而且习惯于一边品咖啡一边吸香烟，如果禁烟将对经营产生不利的影响，坚持不禁烟。另一个难题在于，星巴克要求使用纸杯加盖的包装，日本商社认为应该采用陶瓷器具，而星巴克认为不加盖的容器不能显示出咖啡应有的品位，缺乏吸引力，不便捷。合作的日本商社直言，星巴克的禁烟与纸杯加盖的包装形式，不符合他们给消费者带来一种轻松氛围的经营理念，而星巴克对于自己的文化理念也毫不妥协。最终，双方都无法妥协，使得合作无果而终。

为了找到这两大难题的破解之道，星巴克以两种方式进行了直逼日本生活底蕴的"市场考察"：一是综合分析，将咖啡店提供的咖啡的价值要素分解为品牌、价格、店面大小、店员、音乐、咖啡量、纸杯或陶瓷器具、是否禁烟等，并自行推算顾客对每种要素给予的评价，这样关键点就清晰地凸显出来了；二是对"裸"咖啡进行盲测，即不告诉受测者咖啡的来源（品牌），让他们品尝后说出哪种咖啡好喝，他们愿意为这种相比较而言的"好喝"付出多少溢价等。在这项调查测试中，还可将咖啡（内容）和容器进行交换。采用这种方法，就可以很清楚地了解消费者是凭印象来做出选择的，还是真正弄懂内容后才进行判断的。

通过市场调查分析，星巴克得到了自己想要的答案：禁烟和纸杯才是新的发展方向。看准了经济发展的大环境，人们越来越注重健康意识，以及政府实施减少吸烟人口的政策，星巴克坚持在日本推行自己的做法。

日本本土企业萨扎比（SAZABY）接受星巴克有根据的超前观点，并积极推进与星巴克的合作。于是，星巴克在1996年进入日本时，专门将店里的顾客与吸烟者进行区分，并提供高品质、纯正且富于变化的咖啡。星巴克典雅清新的门店环境，与日本传统狭长压抑、口味单调、顾客行色匆匆的自助咖啡店形成鲜明的对比。很多日本女性因为讨厌烟味而止步于日式咖啡店门外，却成为星巴克的忠实顾客。她们结伴而来，人数日增，渐渐发展为"星巴克一族"，形成一种新的时尚。星巴克凭借严谨的市场调查，做出了明智的市场决策，建立了属于自己的咖啡特色，并迅速获得日本消费者的青睐。

（2）第一位海外对手：罗多伦咖啡

星巴克在日本的发展并不是一帆风顺的，在咖啡文化初步建立的日本，星巴克并不缺乏竞争对手。这里不得不提到，星巴克初入日本时面对的第一个竞争对手——日本国民咖啡罗多伦。在陌生的东方国度，星巴克不仅要面对文化冲击，更要面对实力强劲的日本本土国民咖啡罗多伦的挑战，可谓困难重重。但是，星巴克进行了充足的准备，通过直逼生活底蕴的"市场考察"和精确的市场定位，最终力战日本本土咖啡品牌，成功打开了东方国度的大门。

罗多伦是在日本经济崩溃后发展起来的咖啡馆代表。第二次世界大战后，日本经济处于萧条期，人们没有很强的消费能力，而咖啡在日本属于奢侈品，是一种高端消费。当时，喝一杯咖啡至少需要 300 ~ 500 日元，而咖啡馆的人均消费额甚至达 1000 ~ 2000 日元，光顾咖啡馆一度成为身份及地位的象征。为了能让更多的消费者在轻松明快的环境中喝到醇香可口的咖啡，鸟羽博道创立了罗多伦咖啡。1980 年 4 月，罗多伦 1 号店在东京的原宿诞生。"为人们的轻松与活力"的经营理念，加上"价格便宜""服务迅速""味道不亚于全程服务店"等特点，罗多伦的攻势如水银泻地，一发而不可收。在罗多伦喝一杯咖啡，人均消费额不过 300 日元，这在当时与其他咖啡馆相差几倍的价钱。罗多伦的出现使人们生活上有了明显变化，改变了人们喝咖啡的方式。同时，罗多伦也凭借亲民的价格获得良好的销量，得到迅速发展，成为日本第一品牌连锁咖啡店。正如创始人鸟羽博道所言，罗多伦咖啡在日本的兴起"一是天时，二是人为"。

然而从 1996 年开始，罗多伦在日本的霸主地位受到挑战，这一挑战正来自星巴克。星巴克登陆日本后，经过严谨的市场调查，选择了与罗多伦完全不同的目标顾客群，以避免在同一市场中与日本咖啡巨头开展价格战。星巴克紧紧扣住白领、学生群体，以高品质的生活方式为基点，从音乐风格、价格、咖啡量、纸杯到禁烟等方面进行创新，为消费者提供了一种全新的消费氛围。星巴克大获成功，无疑归功于星巴克找准目标顾客群体，进行与主流咖啡市场不同的定位，为顾客打造一种全新的生活方式，而这也与星巴克"咖啡＋第三空间"的核心经营策略相契合。

对于星巴克更为有利的是，当星巴克进入日本市场之时，正值日本经济恢复发展阶段，人们的生活水平有了较大幅度的提升。不同于罗多伦创立的时代，经济的发展使普通日本人不再将价格作为选择咖啡的第一标准，而是转向了优质咖啡体验及充实生活的层面。星巴克的全新经营模式及市场定位，恰好迎合了日本人生活方式变迁的内在需求。通过加入座席、音乐、杯子大小、咖啡量、禁烟等价格以外的要素，星巴克成功打入顾客心中，成为日本咖啡界新宠。如今，星巴克进军日本市场已经 20 多年，成功跻身日本咖啡行业前列，成为日本咖啡店文化的新范例。

（3）特许经营不特殊

有别于北美的直营模式，星巴克在日本等亚洲诸国采用特许经营等更为灵活的模式，但这些特许经营模式其实并不"特殊"。日本作为海外扩张的第一站，星巴克对于采用何种经营模式其实并不确定，而是一个"摸着石头过河"的过程。起初，星巴克把自己的经营模式特许给了当地的经营商，但很快意识到，这种方式不利于对特许公司形成有效管理，并且获得的收益也较为有限。星巴克对经营模式进行了及时调整，投资 1000 万美元，占股 50%，与日本本土零售商成立合资公司——星巴克日本公司，并将自己的经营模式授权给了这家合资公司，帮助它在日本开展业务。星巴克一直采取独特的"伙伴企业"经营方式，对所选择的合作伙伴严格要求。这样做的好处在于总部能有效控制任何一家分店。当某一家合营的公司未能达到星巴克的要求时，星巴克总部甚至会选择买回该店，以确保全球统一的服务品质和文化氛围。

值得一提的是，目前日本的1630家星巴克，横跨47个辖区，几乎全部由总公司直接参与经营。所有店铺都经过星巴克设计师的规划，以保证体现星巴克的文化与咖啡理念。同时，摈弃标准化设计方法，每家门店都结合地域特点、历史文脉和本地人生活习惯，实现量身定制。此外，日本星巴克设计工作室是星巴克全球18个设计工作室之一，配有30名员工，大部分为室内设计师，或者具备建筑类资格的专业人士。他们设计并施工了数百个星巴克新门店，并每年监督约150个现存店面的升级。

即使在飞速扩张的时候，星巴克仍然坚持严格的管理制度。从选址到装修，星巴克都严格按照自己的标准行事，坚持"热爱"文化，坚持"咖啡＋第三空间"的核心策略。因此，即使是名为"特许"的"特许经营"，也并不特殊。

（4）咖啡的"仪式感"

日本是个充满"仪式感"的国家，从衣、食、住、行等日常物质生活，到电影、文化等精神方面均是如此。最具代表性的，莫过于在此基础上发展出的各种"道"：茶道、花道、武士道、禅道等。同时，也表现在人体仪态、饮食过程、日常器皿，甚至建筑设计中。总之，日本人追求形体上、精神上都充满仪式感。用一种"仪式"来修习自我达到一种境界，似乎是日本文化的生命。日本人对学到的东西通常都精细整理，然后落到实处，从而养成了认真、执着的特性，这样才让日本的文化有一种极致的感觉，逐渐形成"匠心"，将一件普通的事做到极致，极致得让人感觉高级。因此，日本的咖啡文化也不可避免地接受"仪式感"的洗礼。

"这位 101 岁的咖啡师,被称为日本咖啡界的传奇。"

"他 101 岁,却煮出了全日本最好的咖啡!"

"这位 101 岁的东京老人,用了一辈子时间与咖啡谈恋爱。"

这些文章中介绍的老人,就是东京琥珀咖啡馆(Cafe de L'Ambre)的创始人关口一郎。他一辈子与咖啡为伴,究其一生只为咖啡,甚至终生未娶。关口一郎先生展现了日本人的"专注"与"仪式感",并将这份文化融入咖啡之中。琥珀咖啡馆的门面不大甚至不太起眼,只有铭牌上的"Coffee Only"(只有咖啡)透露出它的独特和坚持。许多人慕名而来,只为一尝做了 60 年咖啡的老人关口一郎的手艺。老人见证了咖啡文化在日本的萌芽和蓬勃生长,用一辈子做了一件事——做一杯好咖啡。60 年来,店里没有果汁,没有牛奶,也没有甜品,菜单上有且只有咖啡这一种饮品。

日本文化中的"仪式感"体现在日本人生活中的方方面面,哪怕日常生活中的垃圾分类整理也要体现仪式感。日本人对咖啡"仪式感"的追求,是一种对于极致的向往。因地制宜,星巴克为适应在日本的发展,也展现出对咖啡文化"仪式感"的探索。日本星巴克将咖啡文化的"仪式感"体现在了店铺设计上,完美诠释了自己对于"第三空间"的坚持和理解。

纵观全球,最美的星巴克店铺在日本。星巴克在保持品牌形象的同时,坚持为日本各家门店设计独有风格,使顾客在享受咖啡的同时,可以欣赏到绝妙的景色。其中,13 家特色概念店更是为日本星巴克印上了满满的"仪式感"烙印。所谓特色概念店铺,主要是在整体的设计上与其他星巴克店铺不同,在建筑的外观与内部的装潢方面,都有自己特别的巧思。日本各地的星巴克在环境与氛围营造上都相当具有辨识度,尤以概念店最为出色。这些店融合了日本传统美学与当地特色,或为古迹活化,或为环保形态,兼具独特设计感,每一间都有其鲜明风格,焕发出不一样的光彩。在这里不单单可以品尝一杯咖啡,更可以体验一种直观可触摸的文化。

以北野异人馆概念店为例。走进日本兵库县神户市北野区，在精美的西洋式建筑中，能够看到一个熟悉的标志——星巴克。日本自开国以来，至明治时代前期，外国人只能住在特定的地点，而北野町就是其中的一个。如今，这里的西洋式建筑只剩 40 余栋，被称作"异人馆"。星巴克便在其中的一座建筑里，开设了一家概念店。神户的北野异人馆概念店，是星巴克第一次将咖啡店设在历史建筑物里，随即成了当地一个新的观光点。

北野异人馆概念店的前身，是一栋建于 1907 年的建筑，颇具历史的沧桑感。该建筑最初是一位美国人的大宅，之后被一位德国面包师买下，他的儿子继承后将其改建成一楼的咖啡室与二楼的资料展示处。1995 年，该建筑在阪神地震中倒塌，神户市政府将建筑物拆除，并将材料让渡于民间事业团体，最终使建筑在原址复原。

2009 年，星巴克将这栋充满传奇色彩的建筑物变身为历史最悠久的星巴克店铺——神户北野异人馆店。绿白对比色的外形是星巴克的象征，门店内到处弥漫着浓郁的异国风味，以及一种优雅的质感。室内的古董家具、暖炉、书柜、摆设，将顾客瞬间带回明治时代，赋予顾客独一无二的星巴克体验。星巴克在日本推出"概念店"这样的营销手法，在同中求异的策略之下，给顾客看似一致却又不太一样的享受，可谓极尽"匠心"。

（5）限定商品，无限情结

在日本，不难发现多种多样的"限定商品"，从食品、日用品、衣服、电器，甚至到旅游景点的宣传，几乎覆盖所有商业领域。最常见的是"期间限定"，是指只有在某一段时期内才会贩售的特别商品，过了此时期就不再生产。虽然"限定商品"的销售方式在世界上极为普遍，但唯有日本人将"限定"运用到登峰造极的地步。

日本人对于"限定商品"的钟爱是地理位置及文化积淀共同作用的结果。

众所周知，由于日本人精益求精的"匠心精神"和有限资源的限制，部分商品是无法大量生产的，这便使"限定"成为一件异常重要的事情。恰如日本人喜爱樱花，也是基于相同的原因，樱花花期很短，美丽转瞬即逝，所以要想尽一切办法来抓住这种短暂的美丽。所谓"限定"，就是只有在特定时间、特定地点、特定人群才能享受到的一种美。如果不抓住这个机会，以后有可能再也无法享受到。正是基于以上种种心理原因及文化传统，"限定文化"在日本才能被长久追捧。

在日本，几乎无所不"限定"。大街小巷都能看到新推出的产品在做"限定"活动，可见日本人是多么钟情于"限定"概念。如果没"限定"，商品反而显得稀松平常。除了"时间限定"，最流行的还有"店铺限定"，有的商品只有在总店才可以买到，而有的商品只有特定的分店才销售。随着时代的发展，商品的种类极为丰富。在这样的大环境下，所谓"限定版""限量版"就成了一种巨大的"噱头"。而日本人演绎出来的"限量情结"，绝对是世界第一。只要是挂上"限定"二字，人们总是担心会错失良机而忍不住购买。即使心知肚明这是一种"限定促销法"，大家也会受不了"限定"的诱惑而出手消费。

星巴克感受到日本"限定文化"的魅力，以"限定"为概念不断推出新的口味与周边产品，从而获得日本人的好感，"限定"也成为增加顾客消费频次的妙招。每天都有新创意，既符合日本的限定文化，更时刻刷新消费者的新鲜感。在每个季节，日本星巴克都会推出当季限定食物。日本人相当讲究"一期一会""不时不食"，各种时令食材是日本星巴克最大的优势之一。每年春季，雷打不动又千变万化的"樱花限定"，以及夏、秋、冬三季根据不同时令食材开发的新品都别具特色。例如，2018年推出的樱花季限定饮品，以樱花风味作为基底，共有"樱花草莓粉红麻糬星冰乐""樱花草莓粉红牛奶拿铁""樱花草莓粉红果干茶"三款，饮品中加入季节水果草莓，酸甜果香丰富整个春季。值得一提的是，首次在樱花季亮相的"樱花草莓粉红果干茶"，在樱花与草莓的香气中加入了洋甘菊，使茶饮在酸甜中带有顺口口感。除了饮品外，樱花季限定产品还有甜品、咖啡豆和樱花杯等，都是限量发售。可以说，星巴克"限定文化"源于日本，却发展到全世界，更丰富了星巴克的品牌内涵。

二、在韩国，风生水起

走在韩国街头，比美妆店更多的是大大小小各种品牌的咖啡馆。在韩国的大街小巷，每走几步就能看到一家飘着浓香的咖啡店。几乎任何时段都会有各个年龄段的人点上一杯咖啡，或打包带走，或坐下来慢慢品尝。

关于咖啡传播到韩国的途径有很多传说，其中最为可信的是1895年乙未事变，朝鲜高宗李熙逃难至俄国驻朝公使馆，在俄国驻朝公使馆的那一年里，他养成了喝咖啡的习惯。后来高宗在德寿宫盖了一座西洋风格的"静观轩"，在那里品味咖啡。一开始，咖啡是高宗款待各国大使贵宾的尊贵饮料。后来，咖啡变成了贵族身份的象征，能喝咖啡的人非富即贵。一直到20世纪70年代，韩国经济起飞，平民百姓才有机会接触咖啡，并逐渐养成一日三杯咖啡的有趣文化。在韩国，不管是上班族、学生族还是老年人都爱喝咖啡。

1997年的金融风暴对韩国经济造成了不小影响，很多跨国企业都认为，此时进入韩国市场并不是很好的选择。但星巴克敏锐地捕捉到了韩国未来的机会和广阔的发展前景，毅然决定开拓韩国市场，并于1999年在韩国梨花女子大学附近开设了第一家星巴克。自此之后，随着韩国经济恢复发展，星巴克在韩国迅速扩张，每5万个韩国人就拥有1家星巴克。星巴克在韩国的快速发展，恰恰适应了韩国日益增长的咖啡需求。韩国本土不出产咖啡豆，但韩国有五千万人口，无数咖啡受众，使韩国成为世界上人均消费咖啡最多的国家之一，位列世界咖啡消费国第十三位，可见韩国人对咖啡的巨大热情。

(1)当之无愧的"咖啡共和国"

1950年的朝鲜战争,将咖啡从象征身份地位的宝座上拉下来,逐渐走向大众化。朝鲜战争期间,美军介入朝鲜半岛,咖啡成为抢手货,大量咖啡从美军基地非法流向市场。在20世纪60年代末,咖啡的交易量已相当巨大,迫使当时的政府为减少更多的税收和外汇损失,设立正式的咖啡交易市场。但是此时,咖啡仍属于奢侈品,咖啡市场也相当混乱。直到20世纪70年代,随着韩国经济的快速发展,咖啡才开始广泛为城市的中产阶级人群所接受,从此很快步入了平常百姓家,成为一种生活方式的象征。咖啡消费也呈现出多元化的趋势,市场需求量越来越大。随着咖啡文化的深入,韩国人从最初饮用速溶咖啡逐步发展到追求高质量的咖啡。

纵观韩国咖啡的发展历程,发展的速度令人震惊,短短几十年竟造就了一个"咖啡共和国"。咖啡之所以能在韩国兴起得如此之快,很大一部分原因是咖啡可以提神、帮助消化。随着经济发展,韩国国民工作压力大、节奏快,再加上韩国茶的种类偏少,价格也普遍偏高,提神又便宜的咖啡自然而然取代了茶的位置。同时,咖啡还有帮助消化的作用。韩国人非常重视饭后的消化,古时候的韩国人会在石锅中倒入热水,把锅巴水喝下去帮助消化。随着时间的推移,咖啡渐渐代替了锅巴水,变成了韩国人饭后必备的助消化饮品。

在众多种类的咖啡之中,韩国人偏爱美式咖啡。美式咖啡作为咖啡中最基础的品种,不仅价格便宜,制作起来也最为方便。更有爱美的人认为,美式咖啡的热量几乎为零,喝了不会发胖。另外,韩国人对于自己的口腔卫生尤为关注,然而韩国的小菜大都为泡菜一类的重口味食物,为了冲淡口腔中浓重的气息,没有奶味的美式咖啡就成了韩国人心中的最佳选择。

正是看中了韩国咖啡的发展潜力,星巴克于1999年在梨花女子大学附近开设首家分店。加之韩国人偏爱美式咖啡，使得美国出生的星巴克迅速成为韩国人的宠儿。星巴克凭借独特的"出身"、高品质的咖啡、优雅的环境及良好的服务，迅速脱颖而出，征服了韩国的消费者。

韩国关税厅发布的数据显示，2022年1～11月韩国咖啡进口额为11.9035亿美元，同比增长了45.1%。这是韩国咖啡年进口额首次超10亿美元，表明韩国咖啡消费需求在不断增加。2023年韩国的人均年咖啡消费量为405杯，是全球平均水平（152杯）的2倍多。这意味着，韩国人每人每天至少喝一杯咖啡，韩国人喝咖啡的习惯已经越来越接近西方国家，韩国"咖啡共和国"的称号当之无愧。此外，价格较贵的原豆咖啡市场正在迅速扩大，这也使奉行精品咖啡策略的星巴克拥有更多受众，星巴克门店的数量如雨后春笋，截至2023年底，韩国星巴克门店数量达1893家，居世界第4位，紧随美国、日本、中国之后。

（2）星巴克 VS 韩国连锁咖啡店

韩国人对咖啡的喜爱有利于星巴克在韩国的发展，但同时也意味着史无前例的同行竞争。2001年开张的香啡缤，仅在6年时间里就增加到94家分店，还有帕斯古奇、豪丽斯、安琦丽诺等大大小小的咖啡馆，在韩国几乎每天都有新咖啡馆开张。韩国的咖啡馆到处都是，可以想到的地方几乎都能喝到咖啡，大街小巷、学校餐馆、会所车站，即使是在熙熙攘攘的长途汽车站内，也能闻到咖啡馆飘出的香味。

韩国的咖啡馆种类很多，富有设计感和艺术气息。其中，有主题咖啡馆，比如猫咖啡馆、爱犬咖啡馆、占卜咖啡馆等，有贩卖咖啡的西点店，有提供各种各样咖啡的超市，还有很多国际连锁咖啡店。面对白热化的市场竞争，星巴克在"咖啡共和国"谋得了举足轻重的地位，着实彰显了星巴克的强大实力。

星巴克能够快速发展，开设众多门店，除了品牌自身的影响力外，在法律上不受韩国有关加盟行业的限制也是十分重要的原因。韩国《加盟经营交易法》建议，同一行业的加盟店在半径为500米的范围内不得开设新店，虽不是法律强制规定，但被看作是加盟行业的"潜规则"。在交易公平化的呼声下，这一法案甚至可能被修改为1千米内，同一加盟品牌只能开一家店，如果国会通过这项修正案，加盟店开设新店的难度会进一步加大。但星巴克在韩国国内的1180多个店铺全部为直营店，因此不受《加盟经营交易法》的限制，这使新开星巴克可以不受已有星巴克位置的影响，实现密集布局。

在首尔部分地区，经常可以看见半径300米之内多家星巴克"扎堆"的现象。例如，在江南教保大厦的南侧和东侧，即路对面，就各有一家星巴克。以光化门十字路口为基准，在半径一千米的范围内共有42家星巴克。据悉，星巴克从1999年进军韩国开始，其战略就是在城市中心的核心商圈集中开店。与之相反，大部分韩国本土品牌咖啡店受到各项限制，门店扩张速度较慢。因此，星巴克相较于韩国咖啡连锁店拥有巨大优势。

星巴克新建的店铺都是根据自身标准判断后，开在其认为有需求的地方，且绝对不进驻需要支付附加使用费的商铺。为了保护"胡同商圈"，星巴克也不在胡同内开店，只在大道边上开店。与房东签订合同，约定将星巴克整体卖场营业额的50%作为手续费支付。星巴克也时常会收购由于无法承受租金上涨和最低时薪上调等问题宣布关店的咖啡店，不断挤压韩国本土咖啡店的生存空间，以巩固自身优势获得发展。

这样独特的开店策略，使星巴克在韩国市场迅猛成长。易买得公司发布的数据显示，星巴克韩国2023年的销售额达到2.9295万亿韩元，相比前一年增长了12.9%。营业利润为1398亿韩元，相比前一年增长了14.2%。

（3）掌握韩国咖啡市场的钥匙

从最初的小众文化发展成如今的"国民饮料"，尽管韩国咖啡的历史不长，但浓缩了韩国人生活的点点滴滴，形成了韩国独有的"咖啡文化"。星巴克能够在众多咖啡店中迅速脱颖而出，得益于政策的加持，但能够长久获得韩国人的青睐，更为重要的原因在于其独到的市场战略眼光。可以说，星巴克掌握了韩国咖啡市场的钥匙。

曾有人讥讽说："虚荣者一定要手拿外卖咖啡杯走在街上才惬意。"咖啡被与虚荣心和奢侈消费倾向联系到一起，广受批判。但从中我们也可以感受到韩国年轻一代的心态，以及属于他们的"生活文化"。这些年轻一代，即便不爱喝咖啡，也会对与之有关的一切爱不释手。记得热播韩剧《来自星星的你》中有这样一个桥段，女主在 SNS（Social Network Services，社会性网络服务）发帖："疲惫的下午，一杯甜甜的摩卡最棒了。"然后将咖啡递给了助手。她并不爱喝咖啡，但需要以咖啡为媒介，表现她悠闲的生活状态。而这种对舒适生活状态的追求，恰好诠释了年轻一代的咖啡文化。在韩国街头，手中的咖啡就像耳环、腰带一样，是一件装饰品，是象征二三十岁年轻人的标志，代表了青春，代表了悠闲的小资生活。星巴克看清了咖啡在韩国年轻人心中所扮演的角色——咖啡本身退居其后，更为重要的是咖啡所代表的生活方式。咖啡不仅是一种饮品，更成为一种生活。

韩国年轻人喜欢坐在窗户旁边喝咖啡，在视野开阔的地方与朋友们聊天，悠闲地看着过往的人群，同时展现自己怡然自得的状态，享受一段闲暇时光，这正是他们所追求的生活状态。于是，星巴克门店通透的玻璃设计，显然正对年轻人的胃口。通透的建筑和色彩明快的装饰，不仅有利于赢得顾客的青睐，引起他们的好奇心，更代表了星巴克想表达的一种服务态度，即让优质的服务透明化。当然，商品的透明度并不能说明商品本身的质量与功能，但至少从表面上可以看出商家对消费者的真诚态度。但是到了韩国，这种玻璃建筑物发挥了意想不到的作用，其明亮、整洁的装修风格特别吸引年轻人，尤其是受到二三十岁女性顾客的钟爱。与之搭配的原木风格的椅子和白、褐、绿三色相间的桌面，则显得高雅而古朴，符合年轻人的设想。

在韩国的大学教室里，课桌上各种 logo 的咖啡杯成了枯燥课堂上一道独特的风景线。此时，咖啡的魅力不仅仅体现在杯子里的黑褐色液体，而更多的在于杯子上的 logo。星巴克认识到，韩国人需要从咖啡中获得比任何地方更多的心理享受，星巴克本身对咖啡文化的极致追求所展现出的格调，正迎合了这种需求。于是，星巴克只需充分展示自己对于细节的追求，就轻而易举俘获了韩国消费者的芳心。

（4）独领韩国咖啡文化潮流

跨国经营绕不开的话题就是"本土化"，如何相得益彰地表现当地特色，又不丧失自身特点，星巴克可谓是这方面的佼佼者。例如，2018 年是戊戌年，戊为天干，属阳之土，代表色为黄色或者金黄色。因此，韩国便迎来了 60 年一遇的"金狗年"。韩国人认为金狗年是丰收、多产的象征。而狗作为人类的爱宠，一直是可爱忠诚的伙伴。因此，韩国星巴克强势推出了一系列"狗年限定"产品，为了切合韩国人的喜好，颜色以香槟金为主色调。与往年可爱夸张的设计相比，设计要内敛许多，但在一些小细节上又处处透露"心机"。"狗年限定"产品一经推出，就引发了大众的热烈反响，可谓是"开年一红"。

如今，星巴克在韩国拥有不少的限定产品。这些产品既具有收藏价值，又获得了星迷们的认可，更反映出星巴克对文化差异的独特运用，开创了融合的文化景观。星巴克注重产品创意，融合韩国文化特色，在体现自己独有的设计感的同时，让韩国消费者感受到文化归属感，并享受到星巴克带来的时尚感，为星巴克的深远发展添彩。

星巴克在韩国的设计心思从未止步，从饮品到店铺，哪怕小到纸杯，都紧跟时尚潮流，为韩国量身定制。以韩国年轻女性的口味来说，韩国女性消费群体更喜欢偏甜的咖啡，且在咖啡上的消费能力尤为突出，相较于男性消费者，女性消费者拥有更强的带动力。因此，星巴克于2017年在韩国地区推出一款限量拿铁饮品——奶油泡芙拿铁，光听名字就十分甜腻的它，上市仅一周就卖出了50万杯，成为韩国的网红饮品。

在韩国，你可以发现比任何地方都多的特色饮品，你有没有听说过韩国星巴克的"恶魔的饮料"？听到这个名字，你感受到的是恐慌、惊讶，还是跃跃欲试？在韩国，"恶魔的饮料"可不是一个陌生的名词，这款特别的星巴克冷饮在年轻人中拥有很高的人气，很多人都喜欢这一款没有出现在星巴克正式菜单上的饮料。"恶魔的饮料"实际上就是特大杯抹茶星冰乐，再加上浓缩咖啡、摩卡可可碎片、巧克力酱、焦糖等配料。虽然配料看起来平淡无奇，但是却拥有使人欲罢不能的魅力。这款饮料被命名为"恶魔的饮料"，既是因为它有着900kcal的高热量，更是由于其制作过程复杂，价格也不便宜。在韩国，一杯超大杯的"恶魔的饮料"价格可以达到9000韩元（相当于50元人民币）。"恶魔的饮料"这款个性定制饮品，征服了韩国年轻人，更一度发展成为韩国旅游的体验项目。在韩国，星巴克的饮品更新速度比任何地方都要快，这不仅是市场竞争驱动，更是因为韩国人醉心于潮流，星巴克想要引领咖啡潮流，自然少不了时时创新。

除了个性饮品，韩国星巴克也开始在"一次性杯子"上动脑筋：要方便，更要环保。为配合"世界地球日"的主题，让人们把这些喝咖啡剩下的一次性杯子再利用起来，星巴克开展了"用外带咖啡杯做一个小花园"的活动。买一杯咖啡外带，就会随纸杯托赠送一包种子和混合了咖啡渣的种植土。不知道怎么种怎么办？没关系，只需扫描包装上的二维码，就会获得详细贴心的种植教程。用两个杯盖做一个温室小花盆，杯子里加上水，把两个杯盖放在杯子上，属于你的小植物就能在这个花盆里茁壮生长。要知道，每年韩国一次性咖啡杯的消耗量约 3 亿个，既浪费又不环保。星巴克充满环保理念的营销小玩法，立即吸引了大批顾客，后续在全球 51 个国家推行，最终有数以"亿"计的顾客参与进来。大量顾客自发在网络上晒出照片，证明自己是"可爱"又"时尚"的环保达人，从而引发了一波环保潮流。

星巴克的活动设计，都是以提升顾客体验、表达共鸣情感为营销与经营活动的核心思想，成功地将顾客对于星巴克的"喜欢"建立在感性的基础上。不同于理性的消费者决策，星巴克的顾客对品牌投入的感情往往更加深厚，星巴克也相应获得了比其他咖啡店更多的青睐。

（5）解锁网络点单新功能

随着科技的不断发展，网络逐渐步入人们的生活，网络时代的年轻人最重要的特点之一，是希望能够随心所欲地使用超高速网络。而能够提供无线上网的代表性地点之一——星巴克咖啡店，随即成为青年人的聚集地。也正是将韩国年轻一代作为首要目标群体，迎合年轻人对新科技的追捧和好奇，星巴克在韩国大胆玩起了个性定制、移动支付等新技术。

韩国成为星巴克第一个可以使用移动 APP 进行咖啡预订和支付的国家，新的移动下单服务名为 Siren Order（海妖点单），将集成在星巴克咖啡的 APP 中，可以在韩国 600 家以上的店面使用，同时支持移动设备支付。在星巴克优惠券应用与星巴克的网站上均可使用 Siren Order 下单服务，通过生成二维码，消费者的订单详情将快捷推送给咖啡师，不需要言语交流。Siren Order 让消费者自主定制咖啡成为可能。选定特定的做法后，生成的二维码将包括咖啡的详细信息以及个人的会员卡信息发送到星巴克的 POS（销售终端）设备中。咖啡师扫描二维码后，会从消费者的星巴克账户中扣除所需要的资金，以此实现支付功能。当支付完成之后，消费者的手机将收到确认信息，表明商品已经支付完成。

星巴克认为，实体店面与消费者取得交互的能力，一直是公司核心战略所在。Siren Order 提供的移动服务充满了创新，且在一定程度上满足了公司的未来规划。

三、开创中国咖啡新时代

中国的"80后""90后"们，大多数人从一包速溶咖啡开始，开启了一场新的味蕾旅行，开始建立起一种与咖啡相伴的生活。但是让中国人真正领略咖啡魅力，星巴克功不可没。正是星巴克把咖啡馆变成了"社交体验场"，让中国人从速溶咖啡走向精品咖啡。其实咖啡馆在中国成为一种流行不过几年光景，现在喝哪种咖啡、喝哪家店的咖啡，却已成为小资生活或某种品质生活的符号。一开始咖啡进入中国普通百姓的生活，主要是由于雀巢、麦斯威尔等著名咖啡企业进入中国市场，这些企业从中国种植区采购咖啡豆，生产、销售成品咖啡，微弱且缓慢地推动着中国咖啡文化的发展。在很长的时间里，中国普通消费者所理解的咖啡就是用热水直接冲饮的"速溶咖啡"，这种若苦若甜的饮料并未得到太多青睐。

直到上岛咖啡和星巴克等国际咖啡巨头进入中国，人们才开始意识到咖啡是一种有着浓郁醇香的精致饮品。"我们1999年进入中国，至今已18年，当时大家都觉得在一个崇尚茶文化的国家要做好咖啡生意似乎不可能，但我坚信可以。"舒尔茨带领星巴克进军中国市场可谓是一场逆袭。在星巴克之前，很难想象咖啡文化与茶文化可以融合发展得这么迅速。在中国，星巴克是当之无愧的咖啡知识和咖啡专业技能方面的领头羊，并始终坚持自己的传统和特色，为顾客献上一流的咖啡产品，以及其他优质的饮料与食品。中国人有饮茶的传统，而星巴克却在这样一个饮茶社会里，营造了良好的咖啡文化氛围。正是星巴克全球如一的独特体验、优质人性化的服务及其"第三空间"理念引起了中国消费者的广泛共鸣。

（1）咖啡与茶的碰撞

中国的茶文化历史悠久，可以说从南到北，没有一样东西能像茶一样统一幅员辽阔的中国。在这样一个更为传统的东方国度，星巴克却谋得了与茶媲美的发展，可以说中国的咖啡新时代是星巴克开启的，其中的发展策略确实值得深究。其实，咖啡早在1884年就传到了中国，在那时候的中国，茶文化仍然占据主导地位，苦涩的咖啡没有什么吸引力。

直到1978年，中国人才又一次认识了咖啡。1978年12月，中国共产党十一届三中全会作出了实行改革开放的伟大决策，整个社会的商业环境开始活跃，处于蓬勃发展前的萌芽状态。到了1980年，中国向外商独资企业敞开了怀抱。于是，像肯德基、诺基亚、通用汽车等跨国巨头纷纷涌入中国市场，瑞士的雀巢公司也乘着这股东风，来到了中国。在20世纪80年代，雀巢公司为了迎合中国消费者的口味，推出了加入奶精伴侣的速溶咖啡，这让原本苦涩的咖啡变得香甜、更易入口，让喝惯茶的中国人更容易接受。但那时，一盒雀巢咖啡就要20多元，不是所有人都能消费得起的。在人们眼中，咖啡是"时髦"和"高雅"的象征。有一首歌曲，也体现了当时人们对咖啡的向往，这首歌就是邓丽君的《美酒加咖啡》，歌里唱着："我要美酒加咖啡，一杯又一杯。"后来随着生活水平的不断提高，喝咖啡的人越来越多。但是在很长时间里，中国消费者所理解的咖啡就是热水冲饮的咖啡，据统计，1987年上海的速溶咖啡年销售量达到了500吨。

到了1999年，有着"中国麦当劳之父"称号的孙大伟首次把星巴克带进了中国，这才让中国人对咖啡又有了新的体验，开启了中国咖啡的新时代。咖啡馆似乎是在一夜之间变得备受关注，那种昏柔的光线，深色的木桌木椅，咖啡中那一支细柄的不锈钢勺，那一小壶淡奶，桶里面的小包砂糖……这一切所构成的咖啡，对于当时收入水平较低的中国人来说显得神秘且高贵。

（2）中国市场先行者：孙大伟

谈到星巴克在中国的发展，不得不提孙大伟。孙大伟在台湾被称为"麦当劳之父"，因为他第一个把麦当劳引入台湾，并成功开设了70多家分店。1995年，孙大伟开始把目光瞄向内地。在做了一些考察后，喜欢喝咖啡的孙大伟想到了做研磨咖啡生意。孙大伟初次来到西雅图星巴克总部时，星巴克的全球战略正在酝酿。孙大伟向星巴克国际部相关人员描述了中国的吸引力，"我向他们介绍了中国的市场、中国的年轻人、中国的经济成长。近20年当中，中国应该是世界上经济发展最快的一个国家。中国发展得这么快，年轻人也很多，对世界上时尚的事情能很快吸收，这是个很好的时机。"双方相谈甚欢，星巴克欣然授权他在中国北方的代理权。

孙大伟和星巴克在1998年达成了合作意愿，随后从国内选出24人到美国学习，进行理念、选址、仓储配送等培训。到了1999年1月11日，星巴克在中国的第一家店在北京国贸一层开业。星巴克国贸店的开张经过了精心策划，一开始星巴克提供15种以上不同种类的高原咖啡豆及综合咖啡，各式各样的新鲜糕点，以及与咖啡制作有关的器具及其零配件、小商品。之后星巴克的加盟店与日俱增，现在几乎在北京所有知名的写字楼和商场一层，都能看到星巴克的绿色美人鱼标志。

星巴克咖啡能够在中国发展得如此迅速，自然离不开孙大伟的经营，与孙大伟对项目的选择也是分不开的。孙大伟自我总结时提到，在挑选某个行业的时候一定要找最好的合作伙伴，而星巴克正是他认为的连锁咖啡行业的巨头。此外要看准市场环境，北京经济与市民收入的快速增长为星巴克的成功提供了环境与机会。同样，正是因为对合伙人的精挑细选，让懂中国的人来领星巴克进入中国，才使星巴克在短时间内站稳脚跟。其实说穿了，就是经营者的眼光问题。孙大伟和星巴克之间可以说是惺惺相惜，才能彼此熠熠生辉。

（3）星巴克的"消费教育"

1999年星巴克刚进入中国时，中国咖啡市场很不成熟，人们意识里的咖啡停留在热水冲饮阶段。星巴克不得不面对的问题是：在一个习惯喝茶的国度里推广和普及喝咖啡，必然会遭到消费者情绪上的抵触。特别是中国，拥有五千年历史的传统东方国度，要将非本土的咖啡文化融入缺乏咖啡饮用传统的中国人的生活并非易事。那时消费者从星巴克的墨绿人鱼标识旁走过，甚至不知道星巴克是做什么的，不知道星巴克的价位，这种陌生和隔阂成了市场开拓的最大难题。工作只能一步一步来，星巴克为此首先着力推广"消费教育"，在店内设有专门的咖啡课程，告诉顾客什么是高品质的咖啡。

当顾客到星巴克点单的时候，星巴克的咖啡师会问他想喝哪一种咖啡，如果顾客对咖啡不了解，咖啡师会及时向他讲解一些咖啡知识，并且向他推荐合适的品种。而顾客一旦对咖啡豆的选择或咖啡的冲泡、烘焙等有任何问题，咖啡师都会耐心且细致地解答。借由咖啡师的介绍，顾客可能会找到最适合自己口味的咖啡，并且以后对光顾星巴克乐此不疲。星巴克通过"消费教育"的方式，赢得顾客的信任与口碑。在上海的星巴克，甚至还有一项叫作"咖啡教室"的服务。如果三四个人一起去喝咖啡，星巴克就会为这几个人配备一名咖啡师。

舒尔茨认为，如果人们认为自己与某公司有着相同的价值理念，那么他们一定忠于该公司的品牌。因此，星巴克通过对消费者进行教育，让消费者与星巴克具有同样的价值理念，从而将消费者牢牢地"拴"在星巴克。

（4）"中国化"的星巴克

本土化、中国化是跨国公司进入中国市场，在市场上开疆拓土的一把利器，关键是看谁能运用得更快捷、更准确、融入程度更高。其实为了迎合中国人的口味，星巴克很少出售纯咖啡，绝大部分都是改良过的咖啡饮品。例如：星巴克针对中国的传统和特点，推出了绿茶口味的咖啡；中国的夏天气温很高，不适合喝热咖啡，星巴克就推出冰咖啡。星巴克试图把中华传统文化巧妙地融入星巴克的品牌个性中，中秋节的星巴克月饼、端午节的星冰粽、黑芝麻抹茶星冰乐、福满栗香玛奇朵、如意桃花拿铁、辣意椒香摩卡，以及专为中国春节设计制作的生肖储蓄罐和随行杯等，无不体现了中国元素与星巴克文化的融合。

星巴克除了在产品上用心良多，在店面设计上也颇费心思。星巴克本身就非常注重自身店面装饰与周围建筑物的风格一致，比较注重自身与周围环境的融合。在北京、上海的许多星巴克里，更是用一些复古的家具取代了以前标准化的座椅，显得别具风格，也缓和了美式装潢和中华传统文化的对立。在上海福州路的星巴克里，甚至出现了几首与咖啡有关的古诗。与此同时，星巴克更多地融入本土元素，例如上海的星巴克将消费对象锁定为年轻消费者，因此在拓展新店时，他们费尽心思去找寻具有特色的店址，并结合当地的景观进行设计：位于城隍庙的星巴克，外观就像座现代的庙；而濒临黄浦江的滨江分店，则以花园玻璃帷幕展现出宫殿般的豪华，夜晚时分，可以悠闲地坐在江边，边欣赏外滩夜景，边品尝香浓的咖啡。而在深圳，星巴克为与中信城市广场高档时尚的理念匹配，桌椅均用不锈钢打造，时髦且摩登。星巴克试图融合中国地方文化，以浓郁的当地特色为顾客带来独特的星巴克门店体验。

或许对中国消费者而言，如何鉴定一杯好咖啡，是一个难以得到统一答案的问题，毕竟中国人喝咖啡的历史还很短，咖啡文化刚刚兴起。所以更多的时候，中国消费者看中的咖啡是一种生活方式，是一个媒介，而星巴克所展现出的对咖啡品质的专业追求，对中华传统文化的尊重和社会责任意识构建了一个"优质、健康、向上"的精神面貌，从而令不喜咖啡文化的中国消费者也为之动容。

（5）如何面对百家争鸣

在一个茶文化历史悠久，且占据整个地区饮食文化主体的市场中，咖啡的成功立足以及迅猛发展确实令人始料不及。虽然星巴克占尽先机，但随着中国咖啡市场的不断扩大，中国广阔的土地、充满潜力的消费人群，无疑是众多咖啡企业的目标，竞争愈演愈烈。

近年来，许多咖啡连锁品牌对内地这块"蛋糕"跃跃欲试，除了早期的上岛咖啡、星巴克外，西雅图极品咖啡、真锅咖啡也纷纷向中国内地市场迈进，2003年7月占据加拿大品牌龙头地位的百怡连锁咖啡也正式登陆中国内地，中国内地的咖啡市场逐渐呈现百家争鸣、互相争夺地盘的局面。

身处其中的星巴克，有优势也有短板。一方面，星巴克把典型的美式文化逐步分解成可以体验的元素：看得见的温馨、听得到的舒畅、闻得到的咖啡香味等，在此基础上形成了其核心竞争力。另一方面，保留核心产品、开发附属产品迎合当地人喜好。通过开发季节性产品、各种价位的产品和套餐等方法，迎合当地的饮食习惯。此外，星巴克把每家店几乎都开在昂贵的黄金地段，这是为了吸引客流，有助于打造精品品牌。在许多中国消费者心目中，星巴克是健康、成功和地位的象征。因此，星巴克凭借品牌魅力率先赢得了中国消费者的心。但星巴克推行的这种做法，同时也给星巴克带来了潜在风险。巨大的投资压力（包括从美国进口设备、报关费用、场地租金、人员招募、培训费用等）成了星巴克开设分店的第一个门槛，门店极高的租金也给星巴克增加了成本压力。作为较早进入中国咖啡市场的领头羊，无疑在现阶段也是不进则退。

星巴克的成功，除了其引以为荣的服务和巨大的品牌力量外，对新技术从未停止的追求和利用也是星巴克能够赢得顾客的重要原因。在现代城市快节奏的工作氛围下，许多人去星巴克不仅仅是为了一杯浓浓的咖啡，而是为了享受一种心情、摆脱一种束缚。而对于一些商务人士来说，能拥有星巴克这样别具风情的工作环境也是非常惬意的事情。所以，星巴克更多的时候以一种文化象征的姿态出现。早在2002年8月，星巴克就在近1000家分店推出了高速无线互联网服务。谈起在店堂中提供无线上网服务，作为北京和天津两地星巴克连锁店的特许经营商，美大咖啡有限公司的副总经理李富强说："建设无线局域网是出于提升服务的目的。现在，有越来越多的年轻人和商务人士喜欢上网，我们希望给他们提供这样一个舒适、明亮、亲切，有背景音乐，又可以上网的环境。我们希望更多的人进到店里来，同时希望每个进店的人都感觉到这个店好像是专为他开的，这就是'星巴克体验'。"

店内网络建设是星巴克提升店铺经营水平、理顺经营关系所做的各项努力之一。星巴克负责新型投资的副总裁达兰·休斯顿对此评价道："作为一家零售企业，我们取得成功靠的是不断改进店铺经营水平，并致力于让我们的顾客得到更好的体验。这项协议使我们同时在这两个方面迈进了一大步。"显然，网络时代的星巴克必须让自己和互联网建立更紧密的联系，这样才能保持并不断赢得顾客的青睐。

星巴克作为工作和家庭之外的延伸，是富有亲切感和时尚气息的地方。它的目标消费群是追逐时尚和自由悠闲生活格调的人群，甚至被认为是自由主义的象征。但如何把握中国的时尚特点，并找到切实可行的方法与之契合，做到"以不变应万变，以小变应大变"，正是星巴克需要研究的。

（6）星巴克"新体验"

近年来，中国市场的数据化发展是全世界最快的。如今，中国的移动支付堪称世界之最，没有一个国家可以像中国一样享受到移动互联网带来的便捷。而星巴克在中国市场开启数字化运作已数年，星巴克希望通过数字化加深人与人之间的情感连接，将星巴克打造成中国顾客在数字化全平台上的品牌。

2010 年 5 月，星巴克中国官方微博上线，截至 2024 年 7 月，有超过 169 万星粉关注。2012 年 5 月，星巴克手机 APP 上线，同年 12 月，星巴克和阿里巴巴携手在天猫平台上推出了首个"互联网＋咖啡"的心意传递平台——星巴克天猫官方旗舰店。2016 年 7 月，星巴克在中国推出手机移动支付，同年 12 月，星巴克与腾讯宣布达成战略合作。作为合作第一步，星巴克中国近 2500 家门店接入微信支付。2017 年 4 月，社交礼品体验"用星说"微信小程序正式上线。值得注意的是，2017 年 9 月，星巴克与阿里巴巴及蚂蚁金服达成战略合作，利用互联网创新科技联手打造全渠道"新零售"体验，实现中国零售业与互联网结合的创新突破。合作三方还将联手探索科技化平台上情感连接的新方式，在"阿里生态系统"内推出全新星巴克"数字礼品"等情感表达体验。

"我们正在与中国合作伙伴合作生产瓶装饮料，打造更多的瓶装星冰乐分销网点。在上海烘焙工坊，我们得到阿里巴巴的技术支持，我和马云是多年的老朋友了，我非常自豪能与阿里合作。"舒尔茨接受记者专访时透露，未来星巴克将继续与阿里巴巴等中国合作伙伴加深合作，共同开创中国咖啡的数据时代。

现如今在上海星巴克海外首家臻选烘焙工坊内，消费者看中的纪念品能通过手机淘宝扫码后在对应的星巴克天猫旗舰店下单，线上线下库存共享；想喝的饮料餐食可以用支付宝扫码付款，在餐食准备好后支付宝会向用户手机里推送一条取餐信息。饮品的冲调都是通过智能化设备制作，茶叶的克数、水温、时间等都是由精准数字化机器控制。消费者还可以体验星巴克首个 AR（增强现实）体验之旅，通过 AR 扫描功能，便可开启沉浸式体验之旅，AR 会直观展现工坊细节。

随着扩张加速，行业竞争加剧，星巴克在中国的发展也面临一系列困境，包括质量下降、增长乏力等。但星巴克认为，其未来属于中国，并希望通过开设烘焙工坊、与电商结合等一系列措施，寻求突破之路。

舒尔茨在 2017 年接受记者采访时说："我们知道，在中国开展业务不能带着美国眼光，而是需要具备中国眼光。我们在中国的管理团队都是中国人，星巴克中国 CEO 是位中国女士，这是非常不同寻常的。令我骄傲的是，我们的中国团队十分能干，独立管理着中国的业务。他们十分了解中国本地市场和消费者，而不是带着美国眼光在中国开展业务，且他们有充分的授权进行独立决策。"由于对中国市场具有信心，星巴克已从合作伙伴手中收购了华东市场的股份。舒尔茨说："过去几年，我一直在强调中国对于星巴克而言是最具有战略意义的重要市场。在进入中国市场的 18 年发展历程中，我们通过对中国消费者的培养，传播咖啡文化，获得了中国消费者的认同，同时也积累了很多经验。现在有必要在现有的基础上进一步发展我们在中国的业务。所以在上海开设全球第二家星巴克臻选烘焙工坊是最合适不过的了，这家店具有独一无二的象征性意义。对于我们的中国顾客和伙伴而言，皆是如此。这是在全世界咖啡行业以及所有行业当中最具有创意的体验。"

第三节
最硬的骨头：造访咖啡之国

如果将全世界的饮料种类统计为一个数字，那这个数字肯定很难算清楚。不同的国家、不同的地域文化和生活习惯，能够很轻易地造就一个异于他人的饮食习惯。咖啡、酒、茶，这三种饮料各自独立又相互并行，在其产生的地域中，每一种都有着自己所在的原生地域的特点，也都承载着各自地域的文化。在我们的习惯认知中，有些文化是不能被接受的，而有些又是可被接纳的。

在今天的社会中，在全球化的大背景下，一切文化的界限、一切认知之间的藩篱都能够被抹平，文化可以并行，生活习惯也可以，这些是我们在所处时代下不能改变的，也是我们必须接受的开放。各种跨国公司的出现，全球一体化的整合，塑造了我们处于地球村时代的共同命运。

当星巴克的想法初具雏形的时候，舒尔茨大概不会想到，多少年以后他的星巴克会在全球遍地开花。他努力营造的"第三空间"也已经逐渐成为现在年轻人交流和聚集的一个重要载体。

安托万·德·圣埃克苏佩里在《小王子》里说道："只有心灵才能洞察一切，用眼睛是看不到事物的本质的。"我想舒尔茨应该是一位内心住着一个童话世界的商人，就像华特·迪斯尼一样，为了心中的梦想努力构建着自己脑海中的世界。有些人会觉得舒尔茨这样的商业从业者谈何梦想构建，这个以利益为首的跨国公司谈何人文，然而许多时候也正是因为这样的商业气息有着许多我们所不能参透的奥秘，所以当这些看似商业机密的事情真的公之于众的时候，大多数人绝不相信只有简简单单的"我们，用心服务"之类的话语。然而大多数人不相信或者不愿意相信的事情恰恰就是在我们看来人人都能做到的事情，可问题的关键是在这样简单的事情背后，是长久以来不简单的那颗坚持不懈的匠心。

当星巴克在世界各地扩张的时候，没有人会怀疑星巴克的成功和能力，一家家店面拔地而起，原生地的行业已经开始危如累卵的时候，星巴克却开始了在常人看来似乎是自寻死路的发展。从在日本开设第一家海外分店，到进驻"咖啡共和国"韩国，再到在饮茶大国中国的扩张，星巴克每走一步都让人觉得惊讶，其实，星巴克始终都在按照自己的计划和方向一步一个脚印往前走。舒尔茨不希望为了自己改变谁，也不希望自己因为什么而变化，他所选择的只是坚持，坚持自己的优势，坚持自己的理念，坚持将热爱融入经营的每一个环节。这也是舒尔茨对自己最为直观的判断、最为正确的判断，判断自己能做的事情，判断别人能否接受，也接受别人对自己的判断。

一、艰辛的英国生存之路

我们不妨来回忆一下，当第一次听说咖啡或者第一次尝到咖啡，除了口中的苦涩感之外能想到的还有什么？假如已经忘却了最初的感觉，那也无妨！我们不妨做一个假设，这个假设当然是建立在一定的认知基础上，例如我们可以从对于咖啡的认知来源也就是从国家开始回溯，我相信大多数人对于咖啡的感觉最初是来自电影或者是书里所写的桥段，在一个品牌或者说一个文化符号可以作为一个国家象征的时代中，咖啡作为舶来品，首先让我们想到的国家应该是欧美国家，而再仔细分析一下，这些所谓的欧美国家是不是也有着不一样的地方呢？

显而易见，咖啡代表着西方，代表着外来文化。在我们的传统观念中什么是我们所不能改变的呢？对于深受中华文化影响的国人来说是味觉带给我们的体验，中国人将自己建立在以味觉为基础的审美特点上，自然而然地，所有的一切都是以这样的方式延伸。味道成为我们考量外部世界的标准，因此我们也常常被西方人认为是饮食文化博大精深的民族，这在我们国家内部也不乏这样的例子。我们对于味道的执着说明一件事，那就是所谓的民族味道或者说民族习惯一旦形成，外来事物要想进入，便很难生存下来。即使能生存也要在异域的国度上进行自我改良和主动适应的痛苦蜕变，这些都是必需的，也是必要的。

(1)"迁都"伦敦

2014年,星巴克发生了一件大事,星巴克决定将自己在欧洲的总部从荷兰的阿姆斯特丹迁往伦敦,这一动作被人戏称为星巴克的"迁都事件",然而究竟为何星巴克选择迁移它的总部呢?

我们将时间回溯到1995年,那个时期的星巴克已经是一个在美国拥有了近700家门店的大公司,这样的规模和成就足以令所有人惊羡,这也使星巴克的领导者们有着足够的底气去观察美国本土之外的大陆。1996年,星巴克在海外的第一家分店在日本东京最繁华的银座商业区开业。令人鼓舞的是在星巴克开业的那一天,日本民众将星巴克的店铺挤得满满当当,仿佛赶上了一场日本版的"黑色星期五"。也正是这种热闹的场面,让远在千里之外的西雅图总部开始了全球扩张计划,这是星巴克的开始,也是星巴克咖啡占领人们味觉的开始。

值得注意的是,星巴克第一家欧洲分店既不是开在英国,也不是开在最早的总部荷兰,而是开在瑞士。瑞士作为欧洲大陆经历和平时间最长的国家,已经让世界各地的人认识到这是一片乐土,自然而然瑞士也吸引着许许多多的外来者,这些人包括法国人、德国人、英国人等。多种不同的文化在这里聚集、融合、分化,因而瑞士大城市苏黎世成为星巴克在欧洲大陆进行咖啡实验的绝佳对象。根据星巴克的企业文化,星巴克的目标顾客是受过良好教育的中产阶级,而苏黎世是与美国纽约和英国伦敦鼎足而立的欧洲大陆的金融中心,人口素质较高,很容易接受外来文化。

因此,瑞士在接受新事物、新文化方面要远比其他的欧洲国家有着更多优势。更为重要的是,瑞士对于咖啡本身的认可度高,其年人均咖啡消费量为8千克,消费市场巨大。同时作为欧洲大陆的经济和文化交流中心,瑞士也是世界上少有的富裕国家之一,居民的消费价格很高,星巴克咖啡作为高端饮品,定价肯定不会低于普通的饮品。基于这些，2001年3月7日苏黎世诞生了欧洲大陆第一家星巴克咖啡店。

然而，为何星巴克会将欧洲的总部从阿姆斯特丹迁往英国伦敦呢？最为直接的原因是阿姆斯特丹总部的盈利状况不佳。2010年，星巴克位于阿姆斯特丹的总部开始出现亏损，甚至2013年的纳税总额仅为34.2万欧元。截至2013年9月，阿姆斯特丹总部的收入为9250万欧元，然而这些并不都是阿姆斯特丹总部的全年营业额，还有整个欧洲大陆和中东地区交付的专利使用费，这一部分占据了总部收入的大头，这样的状况令人惊讶。

1998年，星巴克进入英国市场时，所有的一切不利因素都在向这家跨国公司发出挑战，似乎预示着星巴克在这个喜欢喝咖啡的古老国家的发展并不是那么顺利。因为在英国这个古老的国家中，咖啡作为英国人的日常饮品已经融入了千家万户的生活之中，也正是基于此种原因，英国人对于咖啡的认可度和熟悉度是星巴克在进入英国后面临的一大挑战。

英国作为最早饮用咖啡的国家之一，若用历史学的资料来叙述这段历史或许会有些无聊，但是这样的方式能够让我们更加明确地了解英国咖啡的历史有多悠久。

1637年，约翰·伊夫林在日记里记载一位土耳其难民把咖啡带到牛津，而牛津大学的教授与学生因咖啡有助于提振精神，对熬夜读书有所助益，故而喜爱上咖啡，这可能是英国最早的有关咖啡的记载之一。

1650年，英国一家咖啡馆在牛津大学的校园内开设，后来牛津的学生成立了牛津咖啡俱乐部（Oxford Coffee Club），在1662年发展成著名的英国皇家学会。1652年，伦敦第一家咖啡馆开张，店名是巴斯瓜·罗塞咖啡馆，它位于当时伦敦股票交易所附近，也是重要的商业中心。当时的股票交易有社会阶级的限制，部分阶级无法进入交易所买卖股票，但咖啡馆没有社会地位的区分，成为场外交易、交换股票情报的重要据点，并博得"第二股票交易所"

的美称。

亨利·布兰特是咖啡和咖啡馆的狂热爱好者，因此人们把他称为"咖啡馆之父"。他把咖啡的土耳其式称呼"咖普拜"改为英式叫法"coffee"，这便是今天咖啡通常叫法的由来。

亨利·布兰特与弥尔顿生活在同一时代，弥尔顿等文人经常在咖啡馆进行文学交流，组成了一个小团体称为"文友会"。这个文友会借用咖啡馆主人的名字叫作"麦尔斯"，又叫"罗塔咖啡俱乐部"。

当然，咖啡馆声名远播还离不开文学家的影响力，有着"桂冠诗人"之称的德莱顿出名之前就一直在考文特花园的威尔咖啡馆里和朋友们一起探讨文学。在他成名之后，很多文人来到威尔咖啡馆听他高谈阔论，或者拿自己的作品向其请教。德莱顿的房间里随意摆放着桌椅，房门总是开着，无论什么人都能轻易接近他。他总穿着制服，举止怪异，很多人称他为"制服疯子"。或许也正是咖啡馆里的高谈阔论才让他有灵感写出《时髦的婚礼》（1673）、《一切为了爱情》（1667）、《阿龙沙与施弗托》（诗作）、《论戏剧诗》、《悲剧批评的基础》等作品。

至此，我们不难理解咖啡在英国人心中占据着什么样的地位，但1996年星巴克还是义无反顾地在英国开了第一家分店。然而，星巴克面临的问题还远不止于此，还面临英国本土品牌的"围追堵截"。

（2）咖世家（Costa）的领地

如果让人说出几个英国的咖啡品牌名称，也许会一时陷入语塞，思索半天也想不出来，蓝山、拿铁、摩卡到底谁才是英国的咖啡呢？

实际情况是咖啡在英国的历史并不长，反而英国人的饮茶风俗比咖啡久远得多，从17世纪凯瑟琳公主从葡萄牙远嫁到英国并将饮茶的习惯带到英国皇室开始，英国人从此便一发不可收拾地开始了饮茶之风。然而，值得注意的是，英国人如此喜欢喝茶，英国大陆却并不能生产茶叶。谈到英国人的生活方式，我们脑海中可能常常浮现出的是一个拿着报纸的外国人坐在街边的咖啡店，品着手里的咖啡，实际上这更像是法国、美国的场景。

而如今，英国已经被大量的咖啡馆充斥着，这个数字有多大呢？我们无法具体地统计，仅从咖世家这一个品牌来看，它就有一千多家门店。咖世家咖啡店诞生的背后还有一个有趣的故事，并不同于星巴克，有着自己的梦想和对于经营咖啡的追求，咖世家咖啡最初能够开起来仅仅是因为有人需要解闷。

20世纪60年代末，来自意大利的哥斯达（Costa）兄弟来英寻找创业机会。两个爱喝咖啡的意大利人很快就发现了英国人与意大利人在饮料习惯上的巨大差异，以及英国咖啡市场尚待开发的潜力。看到机遇的两人回到故乡学艺，在米兰的咖啡烘焙房里苦学技艺。1971年，学成归来的哥斯达兄弟在英国伦敦开了一家咖啡豆烘焙厂，最开始的生意是做烘焙咖啡豆卖给高档的餐厅以及咖啡专卖店。意大利咖啡的品质保证，让哥斯达兄弟的烘焙厂很快就门庭若市。

正在两个兄弟卖力经营着自己的咖啡豆烘焙工厂时，两个兄弟的老婆却不甘在家做居家主妇，想寻找一些事情做。两个兄弟一合计便利用本行，开始做起了咖啡生意，于是第一家咖世家咖啡店应运而生。哥斯达兄弟的咖啡店除了提供咖啡以外，还提供咖啡制作体验，顾客在饮用咖啡的过程中能亲自参与制作。这对于习惯饮茶的英国人来说是一件新奇又好玩的事情，很快哥斯达兄弟的咖啡店便红火起来。咖世家的成功吸引了英国餐饮酒店巨头华特布雷德集团的注意，于是在1995年，咖世家咖啡店被华特布雷德集团编入麾下，此时距离咖世家成立已经过去了17年，在这17年里咖世家开了41家门店。

咖世家作为英国本土的老品牌，肯定是英国人咖啡品牌的第一选择。甚至近几年，咖世家也一直是英国人心中的最佳咖啡品牌，这也直接表明星巴克在英国的扩张之路还有更多的工作要做。

（3）小众里走出的尼路（Nero）

除了上文所提到的最为知名的英国本土品牌咖世家之外，其实还有尼路这个比较小众的咖啡品牌，之所以说它小众，是因为尼路咖啡在英国并没有星巴克与咖世家的影响力，但是它却在英国的咖啡品牌中占据着不可替代的一席之地。

1996年，当星巴克为成功登陆日本市场而庆祝时，尼路咖啡已经在酝酿之中，星巴克登陆日本后不久便开始将目光转向欧洲大陆，然而那时英国本土的咖啡品牌尼路已在当地生根发芽。当尼路在1997年开设自己的第一家分店时，谁也不会想到日后这家咖啡店会以令人瞩目的业绩冲击英国的咖啡销售榜。

尼路咖啡的资产回报率曾连续四年超越星巴克，成为投资回报率最高的店铺，其店铺的扩张速度平均增长38%，股票价格在2003年到2005年三年间上升了15倍。2004年、2005年尼路咖啡连续两年成为欧洲成长最快的20家企业之一。从英国市场占有率来看，星巴克、咖世家、尼路三家的市场占有率分别是27%、18%、13%，要知道其他两家都是1971年开始经营，尼路直到1997年才开始自己的经营之路。就是这样短的时间，尼路咖啡迅速占领市场并发展壮大，并用了10年的时间就达到了咖世家30年的成绩。

最为简单的一点就是，尼路成立较晚但是却抓住并落实了星巴克一直倡导的体验消费的诀窍。喝咖啡的人也许都有一个梦想，那就是拥有一家自己的咖啡店，这家咖啡店可以按照自己的心情、自己的风格进行装饰，在自己闲暇时或劳累时作为一个休息的场所、一个灵魂的栖息地。但是更多的人也只是在梦中实现自己的想法，还得回到现实，收拾心情为了下一次能有时间和空闲品尝咖啡而奋斗。

尼路真的将对于梦想的体验融到那一杯小小的咖啡里。在有些人看来，尼路是靠着价格便宜取胜的，然而价格便宜是成功的一种路径，但并非唯一的因素，英国咖啡市场剩余的百分之四十的份额还被大大小小的许多咖啡店占据着，尼路又何尝不是从那些大大小小的咖啡店中脱颖而出的佼佼者呢？

在英国人眼里，尼路咖啡是最便宜也是口感最棒的咖啡之一。尼路的食物相对健康，提供免费报纸。咖啡师很友好，你可以随意点自己想喝的咖啡，他们都会负责地帮你做好，并且确认你是否对咖啡满意。尼路深刻认识到在富裕的时代，人们不再仅仅满足于物质需求，转而对精神需求有更高要求，因此尼路也同星巴克一样，始终在着力开发能够满足人们精神需求的第三空间。正是如此，人们才不会在咖啡馆里吃着面包快餐喝着精心磨制的咖啡，这也是曾经的英国三大咖啡巨头之一的联合咖啡衰落的直接原因。

精神消费时代，尽管尼路便宜，它却提供了大量的交流空间；尽管尼路味道偏苦，却是咖啡最为纯正的味道。

（4）异国的改变

1901年，美籍日裔科学家加藤沙多利发明了速溶咖啡，当时的人们不会想到速溶咖啡在今天这个快速消费的时代依然能如此受欢迎。而以星巴克为代表的精品咖啡，也以更为惊人的速度在全球扩张，然而其疯狂扩张的背后，也有令我们不得不思考的方面，为何星巴克的门店数量会以如此疯狂的速度增长，同样是一杯咖啡在星巴克的店里却能卖出比速溶咖啡高数倍的价格呢？

除了星巴克的经营之道，以及星巴克营造的"第三空间"的理念之外，离不开其在进入各个国家后对当地文化的亲近与融合。当然星巴克不是没有想过坚持自己的特色，在中国星巴克或许能坚定不移地坚持自己的原装特色，但是到了英国，境况就会有所不同。对于中国人来说"咖啡"本身就是一个外来名词，在以茶文化为主的地域，"咖啡"是一个陌生的名词，所以星巴克什么样，咖啡就是什么样，一定程度上来说咖啡已经被星巴克所代表，星巴克也在许多人的心目中与咖啡画上了等号，但英国不是。

星巴克可以坚守自己的产品，但是为了自己的利益，它也试图与当地文化做一个完美的融合。例如，在日本，为了贴合日本人民对于樱花的喜爱，日本星巴克推出了樱花系列的咖啡，该系列一问世就受到日本人民的追捧。樱花白巧克力拿铁是日本星巴克每年的固定产品。樱花白巧克力拿铁和樱花白巧克力星冰乐，使用真正的樱花花瓣和花叶为原料，混合白巧克力屑和鲜奶油，带来粉嫩色彩和微酸的清爽口感。甜品方面，樱花戚风蛋糕同样融合了天然花瓣和花叶成分，粉色的蛋糕配合雪白的奶油，顶端点缀盐渍樱花，光是看看就已经感受到春日气息。

但是情况在英国却有所不同，英国人对于咖啡的熟悉无出其右，甚至在17世纪60年代咖啡进入英国的时候，美国还不存在，这样一个古老国度中的喝咖啡者是不会被轻易征服的。星巴克也不固执坚守，因为那样做的最终结局很可能是让自己陷入亏损的境地。星巴克为了在英国能够更好地生存下去，选择了主动融入当地的生活，主动推出能让英国人接受的产品。比如推出传统英国圣诞香料热饮酒（Mulled Wine）的改良版本，肉桂和水果的香气混合，是英国本地人喜爱的口味。有葡萄热果茶和苹果热果茶两种果味可供选择，酸甜温热，女生应该会喜欢喝，暖胃又促进新陈代谢。为了适应英国的圣诞节，星巴克还在英国推出了太妃坚果拿铁、姜饼拿铁、蛋酒拿铁等，更是破天荒地提供果汁和三明治，这样的改变对星巴克来说不可谓不大，不可谓不让人震惊。

二、法国：打造年轻的社群

"我不是在咖啡馆，就是在去咖啡馆的路上"，19世纪法国的街头，行色匆匆的路人在赶往家附近的咖啡馆，没有过多的言语，也没有和其他路人有过多余的交谈。如果说有什么东西足够吸引人，可以代表法国，或许有些人会想到法国著名的塞纳河，这条发源于塔塞洛山的河流蜿蜒着穿过法国最繁华的地带，塞纳河在法国人的心目中不仅仅是一条简单的河流，它更像是孕育了法国文化的母亲河。河以北被称为右岸，以南则被称为左岸，这条河也成了划分法国商业与艺术、金钱与理想、此岸与彼岸的分界线。19 世纪的法国巴黎，到处洋溢着一种新兴的气息，一种抛弃了过去宫廷浮华，开始讲究属于思想、发自内心的清新气质。河岸，一向是最容易沾染当代气氛的地方，也开始变得新颖。河的右岸是新兴商业的繁华气质，河的左岸则是艺术丰沛的人文思潮。

当时河的左岸林立着许多咖啡馆，咖啡馆里有温文尔雅的店主人，灰白的发丝都透露出拥有一家咖啡馆的骄傲。他亲切地站在吧台后方，向进来的熟客们问好；有忙碌的侍者，修长的手指托着镂花的银盘，上面有两杯浓缩咖啡，干练且优雅地穿梭在座位间，白色的围裙上有淡淡的咖啡渍和佚名的速写。当然，更会有来来往往的过客：他是萨特，和一名叫作西蒙·波伏娃的女子在咖啡馆里酝酿存在主义，也酝酿爱情；他是雪莱，追逐着爱情，累了正坐在咖啡馆里歇脚；他是海明威，坐在窗边透光的那一张桌子，写《太阳照样升起》，也写心情；他是伏尔泰，正在品尝他今天的第三十九杯咖啡，同时也列出法国王室不合理的第二十个理由。塞纳河左岸的咖啡馆里，就是如此忙碌，无数的他和她，在思潮交错的时空里，丰富了整个河岸，左岸咖啡馆也因为这些文人而变得个性了起来。不管是通往自由之路的花神咖啡馆、历史悠久的波窆咖啡馆，还是海明威曾经驻足的圆顶咖啡馆，它们都超越了建筑本身，进化为形而上的文化意识。

法国咖啡馆在日积月累的岁月中成为法国文化的一个代名词，这个代名词不仅仅代表着萨特、海明威、左岸派，而且代表着千千万万个法国人在日常生活中的繁衍生息、春华秋实。星巴克就是要在这样咖啡馆林立的法国街头刮起属于它的消费浪潮。

（1）对黑咖啡的执着

法国人爱喝黑咖啡，这是一种深藏在法国人血液中近乎原始的执着，黑咖啡也被称为最原始的咖啡。单从咖啡的品质来看，黑咖啡有着其他咖啡所不具备的口感和味道，黑咖啡强调咖啡本身的味道，原汁原味的"乡野"风格。

假如一个现代人去了解黑咖啡并尝试黑咖啡，可能大多数原因都与减肥有关。黑咖啡的种种弊端虽然被人类所熟知，但是依然不能阻挡法国"爱咖一族"对它的青睐。法国人爱喝黑咖啡，不爱喝加糖的拿铁或者卡布奇诺，这曾经一度被认为是法国人身材比较苗条的原因之一，当然这并不是绝对的因素，但在咖啡占据饮食重要部分的时候，咖啡的因素就不得不被考虑进来。因而，人们也逐渐相信黑咖啡在保持身材方面的作用。这些并不是否认或者认可黑咖啡对身体的作用，只是有些时候事物之间巧妙的联系让我们不得不重新认识和审视这些与我们生活息息相关的细节。

黑咖啡是不加任何修饰的咖啡，黑咖啡带来的是最为原始的咖啡体验，从树丛上的咖啡果到杯子中的咖啡豆，尽可能地缩减一切不必要的加工手段，去除任何额外的辅助材料，咖啡的香、甘、醇、酸、苦五种味道就这样在一杯浓浓的汤汁中完美地展现出来，各自寻找着舌头上最佳的品味点。

法国人喝黑咖啡的执念，不只是日积月累养成的习惯，更是在咖啡的本味中寻找生活本真。如果有人告诉你，你喝的每一杯咖啡，其中每颗咖啡豆都要经过咖啡树五年的生长孕育，经过采收烘焙等繁琐的程序时，你会不会将手中的方糖和牛奶放下，仔细凝视这杯咖啡。如果拥有充足的好奇心，或许你会询问身边的侍者，手中的这杯咖啡到底是来自何地，牙买加、苏门答腊还是巴西？

我们对于"食品抢购"这个词语或许并不陌生，1991年海湾战争爆发，法国作为参战国之一，国内的民众因为担心战争会影响到物资的供应，于是全国上下掀起了一场抢购日用品热潮。法国人抢购的食品中很大一部分是咖啡和糖，在如此的状况下法国人还不忘记喝咖啡的习惯，这是一种对黑咖啡深深的执着。

（2）浪漫的法式格调

历史上法国的咖啡馆是艺术和文化的代名词，在蜿蜒的塞纳河两岸林立着众多的咖啡馆。

1657年，这是历史记载的法国最早引进咖啡的时间，在此之前法国本土并没有咖啡，也没有能够种植咖啡的本土环境。就是这样的状态，使咖啡一进入法国就受到了法国人的热烈欢迎，并迅速占据了法国人生活的重要地位，且伴随着塞纳河一起衍生了众多的法国文化。

法国是个有情调的国家，在今天的我们看来，这种感觉依旧鲜明。法国人的情调体现在对咖啡的钟情上，对于法国人来说，一杯咖啡配上一本书和一个下午的阳光就足够了，法国这个国家充满了悠闲和闲散。当然法国人喜欢泡在咖啡店里闲适地过着一个又一个晴朗的日子，这看似和星巴克所倡导的快速文化有所背离。其实不然，在舒尔茨的经营理念中，星巴克所售卖的不仅仅是单纯的咖啡，更是服务和理念，是除了家庭和工作单位之外的"第三空间"休憩地。

当然，法式咖啡情调除了咖啡所引申出来的含义之外，更多的是法国人对咖啡的极度挑剔。他们不习惯美式咖啡很淡的滋味，这也是为什么法国人喜欢喝黑咖啡的一个重要原因。

（3）不适合"外卖"的咖啡

星巴克所秉承的传统之一就是方便性，在星巴克，外带咖啡是一个吸引年轻人的重要手段。然而，这样的经营方式在有些地方并不是那么受欢迎，尤其是在讲究情调、讲究浪漫的法国，不免让星巴克对未来有些担心。事实也正是星巴克所担心的那样，迄今为止，星巴克在全球已经有超过3万家分店，而在法国这个极度喜爱咖啡的国度只有一百多家门店，而在这一百多家的门店中巴黎一地就占据了70余家，这样的规模和比例与星巴克的影响力似乎不甚相配，因为仅仅在上海一地，星巴克的门店规模就达到了一千多家。

法国人是浪漫的，是有情调的，但也会固守着自己的传统，这个传统是对于文化的固守，对于咖啡文化的坚守。在法国，咖啡所承载的传统像塞纳河的河水一样绵延流长，无可计算。

然而这些现实情况不是一朝一夕能解决的，同时，星巴克所倡导的快速消费主义也是法国人不能接受的，在法国人看来喝咖啡是一件很严肃的事情。在法国喝咖啡的礼仪有很多，单纯地端起咖啡杯都有实实在在的讲究。法国咖啡杯的杯耳都很小，因为在法国人看来手指穿过杯耳是一个很不礼貌的行为，喝咖啡时也不能大口吞咽，即使在添加咖啡时杯子也不能离开杯碟，这些在法国都是不能逾越的礼仪。

除了上述这些原因，星巴克难在法国发展的一个重要原因是法国人注重浪漫，喜欢悠闲的舒适感。大街上的咖啡馆里，整个下午都能看到有人守着咖啡闲聊、交友、发呆或者工作，而咖啡馆也是法国人交流生活和交流思想的地方，所以法国的咖啡馆曾经孕育出许多著名的作品。

中世纪时期，法国的文化中心在宫廷，闻名于世的洛可可艺术就是从法王路易十五的宫廷中流传出来的。而到了18世纪的启蒙时代，法国的文化中心便从宫廷转移到了各种俱乐部、文化沙龙以及咖啡馆。位于巴黎拉丁区的普洛可甫咖啡馆可以说影响了法国的历史。

1789 年，法国大革命爆发，在此之前这间位于拉丁区的咖啡馆时常人满为患。一是因为这里有着人们钟情的咖啡口味，二是因为 18 世纪中享誉世界的思想家、文学家常常在此聚集。伏尔泰、狄德罗、卢梭、罗伯斯庇尔、丹东以及马拉都曾在这间咖啡馆里写作，讨论国家命运，甚至象征大革命的三色帽也最早在这里出现。当然这里并不是一个策动革命的地方，而是一个自由交流思想的地带，在普洛可甫咖啡馆里聚集了太多的名人，后来也成为文学家们聚会的场地。雨果、巴尔扎克、左拉等都在这里思考、创作过。

这些作家、思想家并不是如人们想象的那样在自己家里烹煮咖啡，在当时的法国社会，人们早已经将咖啡馆当作激发创作灵感和萌发思想的地方。所以才会有那么多的大文豪聚集在咖啡馆里，手握着陶瓷杯子谈论着自己的思想，在激烈的思想碰撞中点燃了法国大革命的冲天大火，孕育出一部部旷世名作。而星巴克要做的事情就是要吸引这种习惯用陶瓷杯子喝咖啡的法国人，这样的挑战难度可想而知。

（4）以守为攻的战略变化

20 世纪，美国文化学家克鲁伯和克拉克洪在他们的著作《文化：概念和定义的批判性回顾》中认为文化是："包括各种外显或者内隐的行为模式，通过符号的运用使人们习得并传授，并构成人类群体的显著成就；文化的基本核心是历史上经过选择的价值体系；文化既是人类活动的产物，又是限制人类进一步活动的因素。"

所以当星巴克准备进军法国市场时，就应该想到法国人基因里对咖啡的固执和执着，这种固执和执着是星巴克所不能改变的，因此要想登陆这个咖啡的国度，唯一的方式就是以守为攻。在法国这样咖啡文化深厚的国家，星巴克改变不了很多固有的文化，但可以把其坚守的东西带到这里，以新奇、自由吸引更多的年轻人。

18世纪的法国，是各种咖啡吧遍地的时代，也正是法国启蒙思想崛起的时代。批判蒙昧主义，开启文明是那个时期思想家的重要使命之一。按理说这些内容怎么样也不会和咖啡馆扯上关系，但机缘巧合，让咖啡馆与法国的历史进程产生了关联。

那个时期，法国的咖啡馆里常有类似于中国的"包打听"的人士，他们走街串巷为咖啡馆里的人提供各种消息，咖啡店的老板也喜欢这样的人为他们稳住客源，因此这些人就成了咖啡馆的座上宾。咖啡馆也自然而然地成为法国社会的小舞台，也不奇怪为何在那个时代卢梭、孟德斯鸠这样的大思想家会在咖啡馆里集会，法国的三色帽会最早在咖啡馆里出现。基于此，当星巴克在这个浪漫的国家开设第一家分店的时候，就应该想到，传统文化中的某些事情是短时间内难以改变的，他们的工作其实就是单纯地坚守。

法国人曾对外国游客做过一个调查，被问及巴黎最吸引人的东西是什么，许多人的回答不是卢浮宫、埃菲尔铁塔等脍炙人口的景点，而是散落在巴黎大街小巷的咖啡馆。有人曾把咖啡馆比作法国的骨架，说如果拆了它们，法国就会散架。

所谓的坚守就是坚持自己的优点，不试图改变法国人饮用咖啡的习惯。对于法国人来说，喝咖啡的最佳地点就是街道上的咖啡馆，咖啡必须装在陶瓷杯子里，必须有阳光和一整个下午的时间，也必须有几个可以说话的朋友一起消磨时光。所以星巴克在认清这些现实之后，就不再坚持改变法国人的习惯，而是将自己的优势和特点推广给更加能够接受新生活、新事物的年轻人。

曾经美国的咖啡和速食食品被法国人定义为"文化入侵",因为在法国人看来,众多的文化中法国的文化最为高贵和独特,因此法国人对于自己的文化有着天然的自信。20世纪末期,麦当劳还曾遭到法国人大规模的抵制。但是,在法国东北部城市斯特拉斯堡,早上七点人们就在新开的星巴克门口排起了长龙。这样的现象确实引起了法国人的震惊,把它称为"星巴克现象抵达斯特拉斯堡",甚至一度引起人们的惶恐,认为自己的文化遭到了入侵,进而掀起了抵制浪潮。

当然,星巴克在法国市场所做的也并不都是坚守,为了适应法国民众的审美,星巴克也在建筑风格上进行了改变。纵观法国的星巴克店面,可以明显感觉到,法国的星巴克能够融入法国的整体建筑风格。同时,对法国的店面进行豪华装修从而适应法国的传统咖啡文化,这也是星巴克为了进一步融入法国市场所做的尝试。既然在口味或者习惯上没法改变固执的法国人,那就索性在外观上改变,至少能够吸引他们来到星巴克的店里,亲身感受一下到底星巴克是一个什么样的存在。

三、咖啡王国意大利

如果你在意大利的街头随机问一个意大利人,星巴克能否在他的家乡开起来,几乎百分之九十的意大利人都会给出否定的回答。至于什么原因,或许去过意大利的人都知道,这个问题根本不需要问,只需要在意大利的街头走上一圈就能明白,咖啡在意大利究竟是一个什么样的存在。

细说起来,欧洲的咖啡文化要比美式咖啡文化深厚许多,至少欧洲咖啡存在史远远超过美国。1554年,世界上第一家咖啡馆在土耳其的伊斯坦布尔诞生,咖啡真正进入西欧的时间是1616年,荷兰商人乌尔白殿到阿拉伯做生意,将咖啡从摩卡带到了荷兰的阿姆斯特丹,完成了世界上第一笔咖啡交易。1720年，意大利第一家咖啡馆在威尼斯的圣马可广场开业，名字叫"佛罗莱恩"，至今依旧存在，成为现存历史最悠久的咖啡馆之一。意大利拥有咖啡的时间比美国建立的时间还要久远几十年，在如此深厚的咖啡文化积淀下，星巴克真的能够顺利打进意大利这个咖啡氛围浓郁的王国吗？对于爱咖啡、视咖啡为生活必需品的意大利人来说，他们能够接受星巴克吗？

（1）满街都是卖咖啡的 bar

提起 bar 你能想到什么？是灯红酒绿、纸醉金迷、夜夜笙歌的酒吧吗？恐怕大多数人的想法都是如此，就其字面意思来看，bar 确实也有酒吧的意思，然而这样的说法在意大利并不合适。在意大利，满大街的 bar 并不是你脑海中那种 bar，而是他们的咖啡馆。不过，意大利的咖啡馆从某种程度上来说跟我们常见的酒吧也相差无几：没有太多的固定座位，大部分的产品都是坐在吧台上快速喝完，这些是咖啡在意大利的特色，也是意大利人生活习惯所致。

如果你到意大利旅游，那必须要去咖啡馆；如果你想去意大利探寻他们丰厚的历史文化，那么也应该找一家咖啡馆坐一坐；如果你想在意大利居住下来，那么应该试着习惯这个国度中遍地的咖啡馆。咖啡馆大概是最快融入意大利市井生活的地方了，或许这样说你还是不能准确理解咖啡对于意大利人意味着什么，那我们不妨来看一组数字。

意大利的媒体从业者对意大利 1000 名居民进行了消费习惯的调查，选择在外面直接喝咖啡的消费者中，有 72% 会在咖啡馆喝，28% 会在工作单位喝。时尚之都米兰有 1000 多家咖啡馆，这样的数字对于一个市区人口只有 100 多万的城市来说，已经算庞大了。

意大利的咖啡馆与许多国家不同，更多的时候由一些面积不大的小单位组成。在我们国内许多的咖啡馆都拥有舒服的沙发和椅子以及宽大的桌子，以方便人们交流和做一些别的事情，然而意大利的咖啡馆却完全不同。在意大利，咖啡大多数情况下是站着喝完的，这与意大利的环境不无关系。由于发展时间较早，意大利城市中几乎都是寸土寸金的地带，已经很难找到未开发的地带了，因此所有的咖啡馆基本不设座位，或者只设少量的座位。

在满街都是咖啡馆的意大利漫游时，只需要随意地走进一家咖啡馆买一杯咖啡。但是需要记住的是，为了更像当地人，需要站在吧台前点上一杯意式浓缩咖啡，分三口喝完，然后聊上几分钟走人，千万不要找座位坐下。因为在意大利的咖啡馆，同样的咖啡站着喝要比坐下来喝便宜很多，一杯意式浓缩咖啡站着喝通常只要不到一欧元，如果你要坐下来喝或许你会付出额外的服务费。意大利租金很昂贵，人们通常站着喝完咖啡，并不会占用咖啡店太多的公共空间资源。因此大量的咖啡消费，都是在很短的时间内被消化吸收，这也和星巴克所倡导的快速消费传统在一定程度上契合。

（2）牛奶与咖啡的相遇

熟悉的拿铁、卡布奇诺，在我们的认知思维中就是咖啡的代名词，然而这样的认知在意大利人的眼中则显得无知而且非常奇怪，其实就是因为他们对于咖啡有着不同的看法，对于牛奶和咖啡的配比有截然相反的认知。

意大利人对于咖啡有着近乎固执的坚守，与其说这是一种固执，不如说这是一种对于咖啡口味的挑剔，因为意大利人在喝咖啡的时候不会像法国人那样耗费整个下午的时光来品尝一杯咖啡。而牛奶和咖啡对于意大利人来说也有着不同的含义。与法国人对于黑咖啡的执着不同的是，意大利的咖啡中也有拿铁和卡布奇诺。只不过如果你在意大利点咖啡的时候说 latte（拿铁），那么你不要惊讶意大利的侍者为你端上一杯满满的牛奶，因为在意大利 latte 这个称呼指代的就是纯牛奶，只有在 latte 前面加上 coffee（咖啡）时你才会得到想要的牛奶加咖啡。而在意大利，一般人不会选择在午后喝加了牛奶的咖啡，因为在意大利人看来，午后喝咖啡会影响美食的消化。

这也是星巴克在意大利不受欢迎的一个重要原因，星巴克的咖啡几乎都是混合而来的。意大利人最常饮用的咖啡是一种叫作 espresso 的咖啡，其意思就是"特快速"，从字面意思可以得知意大利人喝咖啡时不会在意或者要求自己身处的环境多么的优越，多么的豪华，意大利人常常站在吧台边上只用几十秒就将手中的咖啡一饮而尽。而且意大利的咖啡杯大多个头不大，意大利人习惯喝浓缩度很高的咖啡。快速的消费、高浓度的咖啡使得意大利人对星巴克慢吞吞的节奏嗤之以鼻。同时在意大利，满大街的咖啡店都是以 bar 来命名的，因此下次到意大利见到这个单词，请不要将它认为是酒吧，这是实实在在的咖啡馆。

意大利人对于咖啡的贡献不仅是于 20 世纪初期发明了蒸汽压力咖啡机，还在同时期发明了卡布奇诺咖啡。卡布奇诺是一种由等量的意大利特浓咖啡和蒸汽泡沫牛奶混合而成的意大利咖啡。咖啡的颜色，就像卡布奇诺教会的修士在深褐色的外衣上覆着一条头巾一样，咖啡因此得名。传统的卡布奇诺咖啡由三分之一的浓缩咖啡、三分之一的蒸汽牛奶和三分之一的泡沫牛奶组成，并在上面撒上小颗粒的肉桂粉末。

卡布奇诺是意大利人的早餐中最受欢迎的饮品，但是外来人千万不要在午饭后点这个，因为意大利人会觉得很奇怪，在意大利人看来，卡布奇诺这样的饮品添加了太多的牛奶。

（3）星巴克的迟疑

"我很开心能在美国喝到意式咖啡，但这些咖啡馆的体验太糟糕了"，1959年，意大利作家伊塔洛·卡尔维诺在获得资助后周游美国，并在游历了纽约后在日记中这样写道。因为在纽约游历了一圈以后，卡尔维诺发现这里的咖啡简直是糟糕透顶，虽然咖啡馆里也售卖意式咖啡，但这对于卡尔维诺来说是居心叵测的，妄图抹杀人们对于意大利的真实印象。

其实最早将牛奶和咖啡混合在一起饮用的并不是意大利人，而是1660年荷兰驻印尼巴达维雅城总督尼贺夫。他从饮用英国奶茶获得灵感，于是尝试在咖啡中加入牛奶，没想到加入牛奶后的咖啡喝起来更滑润顺口，在浓郁的咖啡香外，还有一股淡淡的奶香，风味犹胜奶茶。这种方式很快便流传到各国，这也说明意大利的咖啡样式也不都是来自自身创造，更多的时候也来自对外来文化的吸收，只是吸收的外来文化需要时间融入，才能成为一种民族的习惯。

那些看似无法调和的矛盾在分析更深层次的原因之后，大多数的落脚点都是两种文化的激烈冲突与碰撞，一种饮食文化是否能够对另一种饮食文化有所包容。意大利人饮用咖啡时，不会像法国人那样安静地坐下来品尝，也不会像美国人那样端着塑料杯子、提着包在大街上喝着便利杯中的外带饮料。

因此，星巴克对进军这样的国家抱有极大的迟疑，星巴克在全球的门店数量已经超过了3万家，在全球疯狂扩张的环境下，在咖啡的国度意大利却只有十多家分店。这样的境遇不得不令人惊讶，也正是以上的原因使得星巴克对于意大利的分店在相当长的时间里，一直谨慎地处于论证阶段。

（4）出发地也是回家的路

20世纪80年代，舒尔茨为了自己心中的咖啡梦想，游历了意大利的米兰和维罗纳，在这里舒尔茨见到了什么是真正的咖啡馆以及学会了如何经营好自己的咖啡馆。回到美国西雅图之后，舒尔茨便着手建立了自己的咖啡帝国，在将近四十年后，星巴克终于要回到它的灵感原生地——意大利米兰。

2018年，星巴克终于在米兰科尔杜西奥广场的一座邮政大楼内开设了第一家意大利分店，咖啡店距离米兰大教堂不远，是全球第三家臻选咖啡烘焙工坊，另外两家分别位于星巴克的总部西雅图以及世界上最繁华的城市之一——上海，生意都非常火爆。

在许多意大利人的心中，只有家里那个老旧的摩卡壶煮出的咖啡才是最好的，但年轻一代的意大利人对星巴克充满了向往。在他们的眼中，星巴克是"美式的"，是流行的代名词。于是在意大利，特别是在较为现代的北部大城市，越来越多的美式咖啡馆诞生了。星巴克将以怎么样的姿态回到意大利，是意式浓缩咖啡还是美式咖啡？而意大利能否拥抱变化？

其实更多的人认为星巴克在意大利开设分店的实际意义要远远小于它的象征意义，无论如何，这对于星巴克尤其是对于星巴克总裁舒尔茨来说，意义比实际销量更重要。星巴克这样的连锁店售卖的咖啡，对于意大利人来说是不正宗的，而且星巴克咖啡的价格是意大利传统咖啡的数倍。而对于星巴克和舒尔茨来说，意大利代表着星巴克最初起步时候的一个梦想。现在这个梦想落地在了它的原生地，达成了舒尔茨心中一个美好的心愿。

其实从出发到抵达，我们每一个人的心目中都有一份对最初梦想的怀念，这个梦想可能无法现实，或者可能不好实现。也许你不一定要去实现梦想，也不一定要去弥补遗憾，只是把这样的感觉作为一个前进的方向，如此而已。将它作为一个高高悬挂在空中的月亮也挺好，不是所有的追求都应该实现，也不是所有的问题都有答案。当我们回忆年幼的岁月时，或者那些被我们铭记的梦想有可能要实现时，再回头想一想曾经走过的路也会觉得很值得。

1971 年，第一家星巴克在美国西雅图派克市场诞生时，人们或许不曾想过，它将从一家小小的西雅图咖啡豆零售店，迅速崛起成长为一个跨越四大洲的咖啡帝国。它将走出西雅图，走出美国，走向世界，成为全球最大的咖啡连锁企业之一和最具活力的一线饮品品牌。

在扩张过程中，舒尔茨注重吸纳新伙伴，以应对新环境和新挑战，并践行尊重员工、培养员工成为"伙伴"一员的理念。这一理念伴随着星巴克的全球扩张，成为其成功的关键。

舒尔茨深谙守正与创新的关系。扩张过程中，始终在坚守核心价值的基础上，通过创新来解决发展难题。为保持咖啡品质，星巴克拒绝连锁加盟与人工风味咖啡豆，即便面临原料链拉长等难题，也未放弃根本决策，而是通过创新，如发明"风味锁定袋"，克服挑战。

选择正确的扩张战略。舒尔茨在星巴克进入加拿大市场的第五年，面对温哥华罗布森大街最赚钱门店即将关闭的困境，决定采取密集型扩张战略。密集布局能加深品牌印象、提升消费频率、形成路径依赖、增强品牌黏性、优化服务体验，并通过规模效应增强盈利能力。

确保标准化落实，舒尔茨坚持高度标准化的作业方式，从咖啡调制到门店设计、员工培训，乃至细节如水温、咖啡豆形状、杯子规格都严格规范。标准化帮助舒尔茨实现成本控制、全球门店产品与服务统一、独具星巴克特色，实现规范与最佳效益。

注重文化融合。舒尔茨领导星巴克在全球扩张中，将品牌与各国文化相匹配，创造性增加新的文化联想，摒弃不相容部分，转化为适应本土文化和生活方式的模式,如在日本打造年轻时尚的形象、在欧洲推出"外卖咖啡"、在中国贴上"小资"标签。

注重口碑营销的力量。舒尔茨深知,一个好的品牌口碑能够迅速传播开来,吸引更多的消费者关注。因此,星巴克在进入新市场时,会结合当地的慈善事业策划社区活动,以便为开张造声势。同时,星巴克还鼓励员工积极与顾客互动,通过分享咖啡知识、举办咖啡品鉴会等方式,提升顾客对品牌的认知度和好感度。

舒尔茨采取了多方面的有力措施,引领星巴克从一家本土企业向跨国巨头转型。舒尔茨的策略包括发现伙伴的力量、坚持守正与创新的统一、选择正确的扩张战略、严格落实标准化、注重文化融合以及口碑营销,这些策略使得星巴克逐渐成长为全球最大的咖啡连锁企业。

第四章
CHAPTER FOUR

热爱成就伟大，星巴克的文化标签

解锁星巴克成功的密码，不难发现文化在其中发挥的重要作用。咖啡的文化属性是"人与人之间关系的纽带"，当霍华德·毕哈一针见血地指出"星巴克太过注重产品"，而"人"是直接影响产品质量和服务质量、决定星巴克成败的关键时，星巴克文化开始逐步成型。星巴克文化是星巴克长期保有的基本价值，是星巴克不变的追求与信仰，是支持星巴克从一个西雅图小店成长为咖啡帝国、从一颗种子成长为一棵大树的核心力量。星巴克文化是一个复杂的体系，包括坚持做最好的咖啡，坚持顾客优先，坚持不断创新，包括将员工发展成伙伴，尊重供应商的利益，保护咖啡农的利益……星巴克文化就是"我之存在，因为有你"，简单来讲，就是"我们"。

"我们"强调的是建立以咖啡为纽带，人与人之间紧密联系的共同体。有别于以产品为导向，片面强调产品质量的提升，星巴克将目光投向"人"。星巴克关注从一颗咖啡种子到一杯咖啡这个过程的每一个参与者，与咖啡豆的种植者、生产者、供应商等主体都建立起信任而亲密的共同体关系。将员工视为合作伙伴，倾听员工的意见与声音，激发员工的积极性与创新力。坚持以顾客为本，为顾客打造一种具有归属感和幸福感的独特咖啡体验，使顾客在星巴克不仅能够享受到最优质的咖啡，更能收获精神上的满足与惊喜。

"我们"落实到运营策略上，便是"咖啡+第三空间"。做最好的咖啡，是星巴克不变的追求。星巴克强调咖啡的品质，执着于口感纯正、味道浓郁的精品咖啡。而对咖啡的热爱以及对优质咖啡的执着，恰是凝聚"我们"的最初动力。与此同时，星巴克更强调发挥咖啡除饮品以外的功能，将打造现象级的咖啡文化作为其矢志不渝的目标。星巴克不只是一个喝咖啡的场所，更是一个位于家庭与工作场所之外的平等自由交流的场所。可以说，"我们"文化为咖啡注入了全新的灵魂，使其成为一种纽带，使喝咖啡成为一种体验、一种生活方式。这使咖啡变得更加立体，也更加使人着迷，甚至拥有一种独特魅力。同时，对"我们"文化的坚守与发扬，使星巴克能够更好地应对发展道路中的挑战，将危机转变为机遇，永葆企业活力。

第一节
"我们",星巴克的成功密钥

舒尔茨将星巴克定位为一个充满人文精神的咖啡连锁企业,他认为,要将一个小小的咖啡馆打造为一个庞大的咖啡帝国,不仅要拥有最好的咖啡,更要拥有最好的咖啡文化。而这种文化的核心,在于将"人"放在企业与品牌发展的首位,挖掘人的价值,探索如何在人与人之间建立共同体式的合作关系。

细数星巴克的发展历程,不难发现,"激发并孕育人文精神——每人,每杯,每个社区"不仅被写入了星巴克的使命宣言中,更表现在星巴克每一个产品、每一种设计、每一次决策的点滴细节中。星巴克的成功不是舒尔茨个人的成功或一种特定商业模式的成功,而是多种因素合力作用的结果。而星巴克也通过"我们"共同体的建立,充分将合作的力量最大化。于是,每一位顾客、每一杯咖啡、每一个员工,都是星巴克成功不可缺少的组成部分。星巴克成功的密钥,恰是其独特的"我们"文化。

一、顾客为本,聆听顾客心声

"认真对待每一位顾客,一次只烹调顾客的那一杯咖啡"是古老的意大利咖啡哲学,"企业与顾客的关系,是企业最宝贵的财富"则是现代商业理念的核心之一。从古至今，顾客在企业发展中始终扮演着至关重要的角色，对于星巴克也不例外。星巴克将顾客的需求置于核心位置，坚持以顾客为本，认真聆听顾客的心声，关注顾客内心感受，进而使顾客形成良好的文化认同与消费依赖，并为星巴克产品与服务的创新升级提供建议。

霍华德·毕哈喜欢用这样一句话来形容星巴克的顾客们："来来往往并非只有躯壳，这里充满了灵魂。"对于星巴克，顾客绝非一些来来往往的陌生人，而是与星巴克一起共享美好时光的友人。星巴克总能敏锐地捕捉到这些顾客的"灵魂追求"，不断完善自身的产品与服务，在更好地满足顾客需求的同时，也成就了更好的星巴克。

走进星巴克，处处能够感受到"顾客为本"的理念。在这里，顾客可以根据自己的喜好调制属于自己的个性咖啡。咖啡原豆具有不同的风味，糖浆、牛奶、肉桂粉、冰等配料也拥有不同的种类，再加上配比、用料、调制工艺的不同，至少拥有8万种不同的组合方式，给予顾客充足的选择空间。如果顾客对咖啡不够了解，不知如何调制心仪的咖啡怎么办？不必担心，星巴克为满足顾客的个性化需求，始终在咖啡新产品开发上不懈努力。相信顾客在众多的产品之中，总会找到心仪的一款。

除了提供顾客心仪的咖啡，在物质层面上满足顾客的需求外，星巴克更强调关注顾客在精神层面的需要，加强与顾客间的情感联系。建立情感联系的第一步在于互动。星巴克的员工在上岗前都要接受关于顾客服务、基本销售技巧、咖啡基本知识的全方位培训，星巴克尤其重视培训员工如何与顾客进行互动。因此，我们看到大多数的星巴克员工都是热情好客的，他们会给予顾客真诚的问候与关怀，和顾客一起探讨关于咖啡的各项话题，耐心解答顾客的疑问，并与顾客进行大胆的眼神交流。无论是新顾客还是老顾客，星巴克都会给予同样的重视与尊重。对于第一次光顾星巴克的人来说，聪明的星巴克店员会在与顾客交流的过程中，敏锐地发现顾客喜好，并将最适合的几种口味推荐给他。而对于常客来说，员工能够熟练地喊出他们的姓氏和钟爱的饮品，这能够为顾客创造一种归属感和幸福感，让顾客的心能够与星巴克更加贴近。互动会在星巴克的服务中增添"情感"的因素，无论温暖的笑容或是耐心的话语，都会使顾客产生一种备受重视的舒适感，获得精神上的满足。

在通过互动建立起与顾客间的情感联系的基础上，星巴克通过一系列方式，将这种联系深化，使之更趋紧密，最终使顾客成为"我们"共同体的一部分。在聆听顾客心声、了解顾客需求之后，星巴克对这些需求采取"Just say yes（直接说好）"的态度，给予顾客正向的反馈。顾客对咖啡口感提出的新要求，星巴克会想方设法推出相对应的新产品，甚至顾客要求星巴克帮忙研磨随身带来的咖啡豆也不会遭到拒绝。对顾客需求的有求必应，使顾客收获巨大的满足感，顾客与星巴克的关系进一步升温。

如今，大多数企业都向着"用户友好型"发展，急顾客之所急，满足顾客需求的理念，被越来越多的企业认可。但星巴克并没有止步于对顾客需求的有求必应，而是开始立足顾客立场，挖掘潜在需求，并积极引导顾客需求向星巴克理念靠拢，使顾客与星巴克真正形成"你中有我，我中有你"的共同体。在了解顾客的口味偏好、价格接受度等基本信息后，星巴克的员工便开始为顾客推荐其心仪的咖啡了。有时，甚至会推荐一些面包等搭配咖啡的食品。顾客还未开口就能获得喜爱的咖啡与食物，不能不说是一种特别的惊喜。这种惊喜不只局限于产品推荐上，如果说产品推荐还带有一些商业气息的话，免费续杯的服务、赠送的小礼品、暖心的祝福语等惊喜则更加潜移默化，使顾客难以拒绝。惊喜没有规则，无不是根据顾客的需求量身定制的，尽管顾客没有讲出这些需求，但星巴克通过点滴细节将其挖掘出来，达到比顾客更懂自己的效果。

比顾客更懂自己，也使星巴克能够更容易将理念传递给顾客，使顾客接受、认可这些理念，甚至认为这些理念正是自己所想但尚未表达出来的。星巴克总是抓住一切机会，向顾客普及咖啡的知识以及咖啡的调制方式。咖啡的调制过程是完全透明的，以向顾客展示完整的调制程序。员工们会毫不吝啬地向顾客分享自己在培训中学到的咖啡知识，宣传册与门店中装饰的图画也无不在讲述咖啡与星巴克的历史。甚至在一些咖啡文化薄弱的国家，星巴克会开设专门的"咖啡教室"，为顾客普及咖啡的基本知识，比如咖啡豆的选择、烘焙方法，什么是高品质的咖啡，以及如何找到适合自己的咖啡。学习咖啡知识，了解咖啡文化，会使顾客真正了解星巴克、爱上星巴克，甚至与星巴克文化融为一体，成为星巴克的信仰者与宣传员。

以顾客为本，建立与顾客间的情感联系，形成"我们"共同体，会使星巴克认为自己应当对顾客承担责任。因此，星巴克要坚持贩卖最高品质的咖啡，即使在顾客看不到的地方也要精工细作，以苛刻的标准调制每一杯咖啡。星巴克会寻找最优质的咖啡豆原产地，关注从"最初十英尺"的咖啡豆培育，到"最后十英尺"递到顾客手中的浓郁咖啡的每一个环节。无论是原料豆的采集、烘焙、运输，还是配料的添加，水分、温度的控制，都遵守严格的标准，最大限度保证精品咖啡的口感。同时，星巴克将自己的产品定位为"多数人承担得起的奢侈品"，通过适当的让利回馈以及搭配出售平价商品，使自己的产品能被更多顾客所享受。并且，星巴克将目光投向门店以外，积极回馈社区，通过社区服务、设立基金会等方式，以公益的力量惠及更广大人群。

以顾客为本，"我们"共同体的建立，也使顾客为星巴克的发展做出贡献。"共同体"中的大批忠实用户是星巴克稳定的消费源，更凭借口碑效应将星巴克的咖啡与文化传播给更多人，从而创造巨大的经济效益。除经济效益外，顾客还为星巴克文化的完善与发展做出突出贡献。星巴克曾对"咖啡馆中的顾客究竟需要什么"这一问题展开调查，调查发现，大多数顾客对于咖啡的口感并不敏感，反而对咖啡馆舒适、安全、自由的环境更加敏感，顾客实际在为自己的体验买单。这一发现也使星巴克真正从以产品为中心向追求独特咖啡体验转变。从此，咖啡只是一种载体。星巴克不只提供优质的咖啡，更将独特的体验文化传递给顾客。而星巴克的成功之处也恰恰在于，它开创了一个以消费者需求为中心，由产品转向服务，再由服务转向体验的时代，体贴入微的服务加上高品质的顾客体验，为星巴克带来长久的品牌认知度，进而将自己的价值观和品牌文化传播到全世界。更重要的是，"体验"的出现，会将顾客的注意力从产品转移到消费过程中，使星巴克在所提供的难忘体验中确立自己的独占领域，树立核心竞争力。

此外，顾客的意见往往可以带来意想不到的效果，有助于星巴克发现一种新产品或服务与品牌核心价值的关系。正因如此，每当推出一款新的产品或服务时，星巴克都十分重视顾客的反馈意见。每个星期，总部的项目负责人都会当众宣读顾客的意见反馈卡。而这些意见会为哪些新品可以大幅投入市场，哪些新品需要加以改进，提供决策建议。对顾客心理诉求的准确把握，使星巴克可以大胆创新，不断打破常规，开创新的市场。

坚持"顾客为本"，使星巴克将每一位顾客视为平等独立的个体，视为"我们"不可缺少的重要组成部分，视为星巴克成长发展的"共同体"成员。在星巴克，每一个顾客都很重要。尊重顾客，聆听顾客的心声，使星巴克总能准确把握市场的脉搏，实现迅速扩张。而星巴克的快速发展，也使顾客的需求能够更好得到满足，以此实现星巴克与顾客的"双赢"。

二、员工第一，让员工成为伙伴

对于星巴克的成功，舒尔茨曾坦言"知名的品牌和尊重员工，两者缺一不可"。对外，星巴克坚持"顾客为本"的原则，打造知名品牌；对内，"员工第一"是星巴克最基本的经营理念，一切管理工作都要围绕员工展开。在这里，员工被称为"伙伴"，他们对星巴克怀有极高的忠诚度，是"我们"共同体的重要一员，被称为"最难挖走的一群人"。

"员工第一"所遵循的逻辑异常简单，星巴克没有高科技产品或是专利，其成功完全建立在员工与企业的关系上。无论星巴克供给的咖啡多么优质，产品本身是没有生命的，而员工会赋予咖啡生命。更不用说"第三空间"，或是"独一无二的星巴克体验"，都需要员工去实现。对星巴克而言，每位员工都是公司的最佳形象代言人；而在顾客眼中，每位员工都代表着星巴克。

星巴克认为，员工是企业最大的财富，并致力于与每一位员工建立紧密的情感联系。建立情感联系的首要途径在于通过丰厚的薪资和完善的福利待遇制度，满足员工的物质需求。星巴克的薪资待遇水平稳定在业界前25%，可谓非常优厚，同时有公平而人性化的独特福利计划。星巴克为门店的全职员工、周工作超20小时的兼职员工都购置了健康保险，向员工自发设立的"星基金"投入资金，并为解决员工及子女教育问题推出"员工家庭成员教育计划"。除此之外，星巴克更从1991年起，面向全体员工推出"咖啡豆股票期权计划"，使员工能够获得公司股权激励，成为公司真正的合作伙伴。

科学合理的薪资及福利制度，在满足员工物质追求的同时，更有效提升了员工的忠诚度。将员工收入与公司总体业绩联系在一起，无形中也将员工的付出与企业的得失紧密联系在了一起，进而形成对企业的归属感、认同感，使员工能够清醒地认识到：只有加倍努力，公司才能发展得更好；而只有公司发展得更好，个人的利益才会得到更好的保障。"我们"共同体的建立，会使员工想公司所想，急公司所急，与企业共同发展和成长。

在满足员工物质需求的同时，星巴克更关注在精神层面给予员工认可与尊重。星巴克希望员工在工作中不仅面对压力，更能感到快乐与享受。每一家门店不仅是为顾客带来舒适、自由的"第三空间"，更是每一个员工的"家"。星巴克致力于为员工打造一种平等尊重、温馨自由的家庭式工作环境，鼓励员工自强、交流、合作，将这个共同的"家"建设得更加美好。公司内部推行赞赏文化与人性化管理制度，使每一个员工在工作中收获欢乐与温暖。家庭式的工作环境，使员工感到舒适、自由、安全，而员工也会在日常工作中将这些感受潜移默化地传递给顾客。因此，对员工的认可与尊重与星巴克"第三空间"的打造可以说是相辅相成的。

除了使员工在工作中收获认可与尊重外，星巴克更重视员工在工作中的成长，使每一个员工认同星巴克的理念与文化，真正成为星巴克的一部分。星巴克不遗余力地在员工中推崇奉献精神，试图让每一个员工相信，他们卖出的每一杯咖啡，都为星巴克帝国的建立贡献了力量。与此同时，星巴克在培训方面投入了大量财力与精力，力图通过培训，使每一个员工都能成为星巴克的"咖啡大使"。对于新入职的员工，星巴克会开展名为"煮制咖啡理想国"的培训活动，整个培训内容涉及零售课程、岗位锻炼、门店负责辅导等各个环节，让新员工能够迅速地融入星巴克这个大家庭。同时，星巴克还会针对潜力人员、后进伙伴、热点事件等开展专题培训，使员工真正了解星巴克、爱上星巴克、与星巴克融为一体。

除严格的培训制度之外，星巴克更为员工设立了清晰的晋升路径，并在员工内部建立起一整套有趣的等级机制。星巴克的员工拥有不同的等级，而等级依据调制咖啡的能力划分，并直观地体现在员工围裙的颜色上。一般来说，星巴克员工的围裙拥有绿色、黑色、咖啡色、紫色四种颜色。绿色围裙代表普通店员；黑色围裙代表"咖啡大师"，通晓咖啡专业知识与文化；咖啡色围裙代表在星巴克举行的咖啡大使比赛中胜出，在咖啡拉花、品尝、创意饮料、专业知识等方面均拥有较高水平的员工；紫色围裙代表在EMEA（欧洲、中东与非洲）咖啡师锦标赛中胜出的员工，咖啡基础知识与调制方面所具备的能力不容小觑。清晰的晋升路径与有趣的等级制度，使星巴克的员工深切感受到"付出就有回报"。在星巴克，员工被认可、被尊重，并拥有无限发展机遇，所以忠诚度不断提升。

星巴克将本来用于广告的支出，投入员工的福利和培训，将员工作为自己最大的投资项目，并取得了丰厚的回报。作为"我们"共同体的一员，星巴克员工表现出高昂的工作热情、严谨的工作态度，为星巴克打造了一张金名片。同时，这些员工的意见与想法常常会为星巴克带来意想不到的惊喜。门店员工作为直面顾客的一群人，在每天与顾客的接触过程中，能够接收到顾客对于饮品或环境提出的各类要求，这些要求恰恰能够反映顾客的期待，并带来受顾客喜爱的产品与服务创新。因此，星巴克格外重视员工的意见和建议，通过权力下放机制，使员工有更多机会参与到决策活动中，并赋予员工更大的解决一线问题的权限。毕竟，每一个天马行空的想法，都可能成就下一个经典；员工对一线问题的应急反应，有时比管理层的精准决策更能收获顾客的好感。给予员工更大自由，使其可以为星巴克的更好发展做出更大贡献。

坚持"员工第一"，使星巴克将员工变为"伙伴"，成为"我们"不可缺少的重要组成部分。在星巴克，每一个员工都很重要。尊重员工，赋予员工更大自由，使星巴克能够最大限度激发员工的主动性和创造性，在满足员工物质、精神需求的同时，为公司的快速健康发展提供源源不断的动力和保障。

三、关注咖啡农，与供应商荣辱与共

"我们"共同体的成员，不仅局限于顾客与员工，更包括为星巴克提供优质咖啡豆的上游供应商以及它们的工人。对星巴克来说，咖啡的优良品质不啻企业的生命线，是企业发展壮大的根本。星巴克始终致力于打造"顶级咖啡"的形象，如若咖啡的品质出现问题，无论"独特的咖啡体验"还是"奇妙的第三空间"，都失去了存在的意义，成为空中楼阁。因此，与供应商建立荣辱与共的"我们"共同体关系，是星巴克始终坚持的理念。

长久密切合作关系的建立，绝非易事。第一步在于选择合适的供应商。星巴克在供应商的选择上，遵循"品质第一，服务第二，价格第三"的基本原则，花费大量的人力、物力和财力，希望严苛的标准与巨大的投入能够带来真正高品质的供应商。

为了采购到高品质的咖啡豆，星巴克会集合采购部、产品开发部、品牌管理部等多部门力量，对供应商进行综合评估，并设立优胜劣汰的竞争机制，只为与最优秀的供应商建立合作关系。合作关系一旦建立，星巴克便会通过充分的沟通，使合作关系趋于紧密。在开始合作的第一年，星巴克会派专人进行3~4次实地考察与调研，并出具详细的年度合作评定报告，内容涉及咖啡产量、改进措施以及双方合作愉快程度评定等，并在之后每半年或一年进行一次战略业务评估。星巴克会与供应商签订品质保证协议，以保证供应量稳定且优质。

1994年，巴西发生严重霜冻，阿拉比卡咖啡豆大幅减产，导致咖啡豆价格在两周内暴涨3倍，差点拖垮上市不久的星巴克。这次经历使星巴克充分认识到，稳定的供应商的重要作用。与供应商之间紧密联系的建立，为星巴克的原料供给奠定了坚实基础，对于供应商自身也颇有裨益。供应商的营业额会随星巴克的扩张而不断上升，长期的合作也使供应商收获了声誉，吸引新的合作者慕名前来。

与此同时，星巴克并没有局限于被动挑选供应商，而是主动引导，甚至培养供应商，使其提供高品质的咖啡豆。星巴克推出一套翔实的咖啡豆采购指引，从品质、环保、社会、经济等层面着手，设立认证标准，引导咖啡农在咖啡豆种植、生产过程中注重保护环境、减少农业污染。同时，星巴克设立品质扶持计划及环保咖啡计划，对供应商进行专业指导，并针对咖啡豆的培育效率、咖啡豆品质、新品咖啡豆种植等内容，为咖啡农开展专题培训。2004年，星巴克在哥斯达黎加的圣何塞开设了全球第一家种植者支持中心，聘请大批土壤管理和农作物生产专家，帮助种植者改进种植技术，提高优质咖啡豆产量。还对当地咖啡豆进行综合评比，为最优质的咖啡豆供应商颁发"世界黑围裙咖啡豆大奖"。通过诸如此类的措施，星巴克引导咖啡豆供应商种植最优质、环保的咖啡豆，在保证自身咖啡产品高品质的同时，使供应商在咖啡消费圈内获得极大知名度及良好声誉。星巴克的供应商也因此与星巴克的咖啡一样，成为高品质的代名词。

与供应商建立"我们"共同体，还体现在星巴克对咖啡农的关怀上。全球超半数的咖啡豆源于家庭式农庄种植，是咖啡农辛苦劳作的成果。喝醇香的咖啡固然是一种享受，但咖啡豆生产者的生存环境却并不乐观。优质的咖啡豆大都生长在高海拔热带地区的深山坡地上，咖啡农必须顶着烈日、冒着风雨，面对蚊虫叮咬，靠人力种植、采摘、搬运咖啡豆。种植条件已经如此辛苦，但更为残酷的是，咖啡农们并不能获得相应的收益。每磅咖啡豆售价10美元，真正流入这些咖啡农口袋中的只有大约41.5美分。早在2006年，全球的咖啡销售额便已经超过800亿美元，咖啡成为最受欢迎的饮品之一，但与此同时越来越多的咖啡农陷入入不敷出的困境。

星巴克"既要赚钱也要回馈"，更何况这些咖啡农的困境迟早会演变为整个咖啡供应端的困境。入不敷出会迫使越来越多的咖啡农放弃种植咖啡豆，或者选择种植更为轻松、廉价的劣质咖啡豆，从而影响星巴克的生存。为了给咖啡农创造更好的生活环境，星巴克承诺以溢价收购高品质咖啡豆，而不是按照纽约交易所的价格采购。这样的做法固然会提高采购成本，但可以在保证咖啡豆品质的同时，为咖啡农带来更多收益，使他们能够负担得起医疗、教育费用，并拥有更优质的生活环境。与此同时，星巴克与值得信赖的咖啡农建立直接关系，并签署长期合约，保证合作的稳定、可持续。这种采购方式被星巴克称为"道德采购"，使星巴克既找到了高质量的咖啡豆，又建立了一个可持续发展、性价比适宜的健康采购链条，保证咖啡农利益。

事实上，"道德采购"仅仅是星巴克关注咖啡农众多举措中的"冰山一角"。星巴克通过设立紧急救援基金、社区改善计划等方式，陆续在咖啡种植园启动饮用水计划、扫盲助学计划和农业技术指导培训等项目，应用公益的力量，改善咖啡农及其家庭的生存环境。星巴克对社会责任的重视，使其在快速发展的过程中不会被利益冲昏头脑，始终保持一个"善良"企业的良好形象。同时，这也是其实现更大经济利益的有效工具。

关注咖啡农，使星巴克将供应商变为"我们"不可缺少的重要组成部分。给予咖啡农更多关怀，不仅使咖啡豆供应商获得更大利益与更高知名度，也使星巴克拥有绿色可持续的稳定原料端，为打造优质咖啡产品夯实基础，实现双赢。这种"我们"共同体的建立，更在不经意间实现对咖啡豆种植、原豆供给的优化，使精品咖啡豆在原豆市场占据更有利的位置。

第二节
"我们"，将喝咖啡打造为一种生活方式

"我们"落实到运营策略上，便是"咖啡+第三空间"。这一独特策略使咖啡不单纯是一种产品，更使喝咖啡演变为一种独特的生活方式。在舒尔茨眼中，星巴克绝不是一个贩卖精品咖啡的企业那么简单，而是"世俗生活的一剂良药"。一杯醇香的咖啡、一首优雅的爵士音乐、精心点缀的盆栽、三两至交好友……星巴克总能让人暂时远离喧嚣的世界，享受与世隔绝的静谧。

中山大学公共传播研究所研究员林景新认为："咖啡与好莱坞大片，就是浓缩了的美国价值观的载体。人们在喝咖啡时，50%是味道，30%是对文化的想象，20%是对某种价值观的追求。"从这种意义上讲，星巴克的成功在很大程度上是因为其将咖啡打造为一种符号，融入了人们的生活。在星巴克爱好者眼中，星巴克的咖啡不只是一种产品，更是美好生活方式的代表。高端、文艺、当代感、自由、率性、优雅、精致，星巴克为咖啡注入新的灵魂，使其

形象变得更加饱满、立体。同时，将喝咖啡打造为一种生活方式也使星巴克将人们对于咖啡的热爱发挥到极致。正如一位维也纳艺术家所说的那样："我不在家里，就在咖啡馆，不在咖啡馆，就在去咖啡馆的路上。"

一、嗅觉密码

18～23秒，每一杯浓缩咖啡的诞生都充满热情。为了保证口感，星巴克把咖啡的制造过程精确到秒，多一秒少一秒都不行，La Marzocco-Espresso（蒸汽加压煮出的浓缩咖啡）要保证在18～23秒，制作时间如果少于18秒或者超过23秒，就要被倒掉。如此苛刻的制作要求和对于咖啡近乎狂热的虔诚，成为星巴克征服世界的关键所在，但星巴克所做的不只局限于这些。

为了让顾客成为星巴克的忠实拥趸，星巴克在环境的营造上下足了功夫。为了实现近乎极致的舒适体验，星巴克不惜一切代价营造满足人们社交需求的休闲空间，并坚持提供比顾客期待的更好的店内环境。顾客看到、听到、闻到、触摸到、品尝到的每一个细节，都是加深品牌好感度的关键因素。门店的装饰选择、色彩搭配，音乐的选择，桌椅的摆放方式等，都是立足顾客体验精心设计的结果。更为有趣的是，星巴克着力打造属于自己的专属气味，使顾客在未踏进门店之前，就能感受到属于星巴克的独特味道。

国际品牌大师马丁·林斯特龙指出："75%的情绪由嗅觉触发。对于照片的记忆，在3个月后只剩下50%，但回忆气味的准确度可以高达65%。"由此可见，嗅觉拥有很强的作用。当我们走进任何一家星巴克时，熟悉的咖啡香就会瞬间让我们产生放松和愉悦的感觉，使我们深陷嗅觉带来的幸福体验中。这是因为当我们闻到一种气味时，鼻子中的气味接收部位会以最短的时间将其传输到大脑边缘系统，而这一系统正是控制情绪、记忆与幸福感的区域。研究发现，大脑中拥有一个名为"嗅球"的区域，这一区域可以接收嗅觉神经传来的神经电信号，再传递至嗅皮层，从而使人辨认出不同的气味。而嗅球与负责记忆的海马体以及负责情感的杏仁核之间，具有异常密切的联系。这使得气味能够在潜意识上影响人类的感觉、判断及行为，使人产生欢愉的感觉，并将这片刻的欢愉深深印在脑海当中。

这种效果也正是星巴克设计的初衷，也是其精明的地方。星巴克对于嗅觉密码的运用得心应手，重度烘焙的咖啡豆或许并不意味着最佳的口感，但一定会带来最浓郁的香气。浓郁的咖啡香配合淡淡的奶香，能恰到好处地挑逗顾客的嗅觉，吸引顾客寻香步入星巴克门店，不由自主地点上一杯香草拿铁或者卡布奇诺，尽情享受一场嗅觉与味觉的盛宴。

为了使嗅觉密码的效果发挥到最大化，星巴克对于气味的要求近乎苛刻。为了营造浓郁的咖啡香气体验，星巴克投入了巨大的成本。在咖啡豆的选择上，选择具有浓郁焦香的浓缩烘焙咖啡豆，这种咖啡豆香气极其浓郁，甚至使门店内的桌椅陈设乃至每一位员工的身上，都被熏染出浓郁的咖啡香。在门店设计上，星巴克坚持打造非开放式空间，店外的杂味不会进来，店内的香气也不容易流失。在搭配食品的供应上，星巴克也格外小心。味道浓烈的热食、外食在这里都是被禁止的，舒尔茨甚至曾因为三明治加热后的奶酪气味掩盖了咖啡的香气而大发雷霆。因此，星巴克倾向于供应糕点和轻食，甚至组建"香味特遣队"，尝试不同的烤箱、不同的加热时间，只为使食品的气味不影响咖啡的浓香。当然，在门店中吸烟或者使用香水更是被明令禁止的，甚至连消毒用的清洁剂，都选用无香或微香的类型。所有这些，只为使星巴克时刻保有其标志性的独特香气。

舒尔茨认为，咖啡的香气是一家咖啡馆的灵魂所在。那么，星巴克破解了嗅觉的密码，便抓住了咖啡的灵魂。营造属于自己的独特嗅觉体验，配合门店装饰带来的视觉体验、音乐带来的听觉体验、咖啡带来的味觉体验，构筑统一的品牌风格与直观的品牌感受，从而形成持久的记忆点。长此以往，当顾客从门店门口经过，闻到那熟悉的咖啡香，便会自然而然联想到星巴克美味的咖啡以及独特的咖啡体验，舒适与愉悦的感觉油然而生，一个声音从心底响起——"这就是星巴克"。

咖啡的香气是星巴克最好的广告，甚至足够吸引一个不喝咖啡的人踏入星巴克的门店。美国摩内尔化学香气中心研究指出："消费者如果身处宜人气味的环境，如充满了咖啡香或植物香气的空间，不但心情会变好，还可能使他们的行为举止更为迷人，甚至出现利他的友善表现。"简单来讲，咖啡的迷人香气会激发顾客消费的欲望。愉悦的嗅觉体验伴随愉悦的心情，会使顾客沉溺其中，不能自拔。久而久之，嗅觉的体验与内心的感受都在不断强化，顾客会记住并倾心于星巴克，从而产生依恋性消费，帮助星巴克创造良好的经济效益。

更为重要的是，咖啡的香气不仅使顾客接收到"到这里，品尝优质咖啡"的信号，更释放一种明确的欢愉，告诉每一个顾客"美好生活，从这里开始"。闻到咖啡的香气，人们首先想到的不是咖啡，而是心灵的抚慰与灵魂的自由。人们寻着香气，迫不及待地踏入星巴克的大门，不是为了品尝优质的咖啡，而是为了给自己的心灵放个假，多体验一份舒适的生活。

二、奇妙的第三空间

提到星巴克，人们先想到的词语除了"咖啡"，就是"第三空间"。的确，"咖啡 + 第三空间"是星巴克对自己的基本定位，是星巴克的核心，也是"我们"文化落实到运营策略层面的最重要体现。

所谓"第三空间"的概念，源自美国社会学家雷·奥登伯格的著作《绝好的地方》。在这本书中，奥登伯格提出，人类的日常生活主要集中在三个空间内：第一空间是家庭居住的空间，第二空间是工作的职场，第三空间是介于家与工作之间的休闲娱乐空间。书中写道："所谓第三空间，就是指除家庭空间、工作空间以外，可供人们放松、消遣、聚会、交流的社会空间，既指物理空间，也是数字空间，满足人们对社交、创意、娱乐的需求。"奥登伯格认为，大众需要第三空间，这里不受功利关系的限制，中立而安全，人们可以暂时抛开家庭和工作的压力，在这个非正式的场所中舒适、自由、安全地看看书、聊聊天。图书馆、公园、博物馆等场所，都可以充当第三空间，但奥登伯格十分有预见性地指出，最好的第三空间应当是以饮品为中心的，例如茶馆、小酒吧、啤酒屋或者咖啡馆。

星巴克是最早将"第三空间"概念融入自身业务与基础定位的咖啡零售企业，并迅速将这一概念打造为自己的最佳卖点。星巴克率先将"第三空间"的概念应用到星巴克的营销宣传当中，并迅速获得大众的认可。尽管"第三空间"概念的提出者奥登伯格认为，星巴克并不是一个严格意义上的第三空间，他眼中的第三空间应该更加安静，而不像星巴克一样追求效率。但星巴克的"第三空间"理念依旧深入人心。星巴克拥有强大公众吸引力的原因，不仅在于其可以提供优质的咖啡，更多的在于能够满足人们心灵与社交层面的需求。

20世纪90年代的美国，正处于忙忙碌碌、超级繁荣的时代，也处于人人"独自打保龄球"的孤独空虚时代，更处于星巴克的时代。人们乐意以一定的经济代价，换取片刻充满安全感、归属感的欢愉，而在星巴克，顾客只需付一杯咖啡的钱，就可以暂时抛下家庭与工作的压力，在宽松、便利的环境中自由地释放自我，星巴克也因此收获了颇高的顾客黏性与忠诚度。星巴克为顾客提供的不仅是一杯优质咖啡，更是一片心灵绿洲。全球各地的星巴克门店，在现代都市人忙碌而空虚的生活中扮演自由舒适的"第三空间"，使人们可以无拘无束地畅谈，尽情地放松自我，享受短暂而必要的"放空"时光。来这里的每一位顾客，品尝的不仅是一杯咖啡，更是享受一份心情。

当然，星巴克将"第三空间"概念应用于营销宣传，并非出于对热门概念的牵强附会，星巴克身上的确拥有诸多与"第三空间"概念相契合的特质。一方面，星巴克是一个开放而中立的空间，所有人都可以抵达，也都可以融入其中。星巴克的顾客来自不同国家、不同民族，有着不同肤色、不同性别，年龄长幼各异，职业多种多样，性格脾气更是各不相同……这些看起来在生活中不会有交集的人们，会被星巴克平等地接纳、尊重。星巴克将自己打造为"多数人承担得起的奢侈品"，没有物理、经济、政治、文化的壁垒，而是一个大多数人可以抵达的面向大众的空间。

另一方面，星巴克致力于让自己成为心灵的栖息地，提供一个思考、休憩、交流的场所，带给人们归属感与依赖感。星巴克认为，每一家门店都是一个自由便利的空间，是一个可以振奋人心并带来思考的感性空间，是一个亲切友善、放松身心的空间，是一个交流品味生活的空间。顾客青睐星巴克，不只是因为优质的咖啡，更是因为星巴克创造了一种独特的咖啡体验。咖啡不仅是一种产品，更是打开美好生活的一把钥匙。

为了使自身与"第三空间"理念更加契合，星巴克进行了积极的努力。首先，星巴克要使自身尽可能实现开放，面向更广泛的大众。除了在定价上使自己成为"多数人承担得起的奢侈品"外，星巴克更通过迅速扩张，使自己真正实现"无处不在"。星巴克的绝大部分店面选址在大商场、高端写字楼等区域，不仅聚集了大量顾客群体，更契合时尚、高品位的品牌形象。随处可见的门店，不断彰显星巴克的实力与品牌知名度，使老顾客随处都可以找到熟悉的味道，同时不断吸引新顾客慕名而来，顾客群体不断扩大。最终，星巴克在潜移默化中成为越来越多人日常生活中不可缺少的一部分。

同时，星巴克通过独特的门店设计，打造休闲空间感。星巴克的门店设计，主打舒适、安全、温馨的风格，极具星巴克的品牌特性。明亮的落地玻璃窗增加了门店的通透性，精细考究的装饰低调而不失奢华，墙壁与桌椅的颜色都在努力契合咖啡的色调，杯子与包装袋的选择也独具匠心。极简的木质装修、舒缓的音乐、暖色系的灯光，构建起轻松安逸的"第三空间"。在统一设计理念的指导下，星巴克根据当地人文和自然景观进行个性化设计，使不同文化背景的人们可以在星巴克找到自己熟悉的元素，体会舒适与自由。

著名的传媒业博客站长吉姆·罗蒙斯克是星巴克的忠实粉丝，他曾开设一个名为"星巴克闲话"的博客，并习惯在星巴克撰写他的博文。或许由于咖啡的香气有助于激发他的灵感，或许由于"第三空间"的轻松氛围可以为他带来久违的舒适体验，撰写博文这项枯燥的工作也开始变得有趣。罗蒙斯克曾感叹，自己只需要一杯咖啡，就可以在星巴克连续坐上 5 个小时，"没有人会暗示我离开，也没有人来找我的麻烦"。但如果每个顾客都是吉姆·罗蒙斯克，对于星巴克无疑是一种灾难。门店容纳顾客的空间是有限的，如果每一个顾客都选择以极低的成本在星巴克待上数小时，新的顾客将无法进入，顾客流动性维持在低位，会使星巴克难以实现高效率与高利润。

因此，星巴克在将"第三空间"融入自身的同时，通过多种方式使自己保持较高的翻台率。包括木制、塑料制桌椅的配置，纸杯的使用，音乐的选择等，使星巴克实现"第三空间"与快餐化营销的结合。难怪"第三空间"概念提出者雷·奥登伯格认为，星巴克的第三空间并非真正意义上的"第三空间"。但星巴克也的确实现了与"第三空间"相似的功能，将孤独的人们联系在一起，平等、自由、安全、舒适地享受生活。

三、一座咖啡的庙宇

提到咖啡，相信不少人的第一反应都是"星巴克"，星巴克几乎成了咖啡的代名词。人们对星巴克形成高度的品牌认同，进而产生依赖情绪，沉溺于星巴克营造的美好体验中不能自拔。每当看到甚至想到星巴克，心头就会浮起一种轻快与畅然，一段时间不去星巴克，就会想念这种感觉。甚至会不自觉地向周边的人介绍星巴克的咖啡与文化，仿佛自己就是星巴克的一分子。

要做到这一点，第一步在于建立明确的定位。明确的定位使星巴克的业务开展与决策设立有依据、有计划、有中心，也使星巴克更容易找到自己合适的"信徒"。星巴克的核心策略是"咖啡＋第三空间"，以高品质咖啡迅速占领消费市场的同时，以独特的"第三空间"体验吸引顾客重复消费。星巴克在创立之初能够吸引美国顾客的注意，便是因为其有别于速溶咖啡的优良品质。在迅速扩张的过程中，星巴克始终没有放弃对品质的追求，力争将一切做到最好。产品是用精品咖啡豆经细致烘焙制成，气味香浓，口感醇厚；门店是精心设计的成果，一桌一椅、色彩、音乐都不是随意配置的；员工都经过严谨的培训，热爱咖啡，热爱星巴克，致力于提供优质的服务。无论产品还是体验，"优质"是星巴克不变的追求。而这也使星巴克虽然面向大众，提供的却是一种"奢侈品"，是一种极致的美的享受。

第二步在于建立情感的联系。独特的"我们"文化，与顾客、员工、供应商等不同主体建立紧密的感情联系，使咖啡和从生产到消费链条上的每一个人，结成一个不可分割的"共同体"。共同体的建立使不同主体可以从自己的角度表达对产品、服务的体验与感受，信息的有效交换可以帮助星巴克"做到更好"。共同体的成员拥有与星巴克相同的文化理念与价值追求，在自愿为星巴克贡献原料、产品、服务或消费力等经济价值的同时，更成为星巴克的"传教者"与"卫道士"。出于对品牌的忠诚，共同体成员会自觉站在星巴克的角度思考问题，时刻维护星巴克的利益，并不知疲倦地将星巴克的产品与文化传递给更多人。事实上，这种自发式的口口相传具有意想不到的巨大能量，这种原始的传播方式往往比广告等有形的媒介传播更高效、更令人信服。

第三步在于塑造鲜明的品牌形象。星巴克更倾向于运用广告之外的其他方式塑造自己鲜明的品牌形象。星巴克希望自己在大众眼中是友善的，是带来舒适、安全、自由生活体验的咖啡使者，所以无论在门店的设计、员工的培训，还是对公益的投入、对热点事件的把握等方面，都在尽力塑造这一形象。星巴克对品牌形象的塑造，使人们看到或想起它时，脑海中总能涌起一些积极的联想，或是一杯温热的咖啡，或是一段柔和的音乐，或是一种直达心灵的愉悦……这些联想多种多样，有些甚至不是星巴克刻意打造的，但无疑是星巴克所希望出现的。品牌形象的塑造使星巴克不再是一个陌生的名称或者空洞的logo，而是具体鲜活、能够为人们带来情感共鸣的存在。当品牌被赋予情感和生活的意义，其迅速扩张以及获得广泛的认同，也不再那么困难。

第三节
"我们"，迎接新的挑战

"我们"文化似乎指引星巴克踏上了一条无往而不胜的扩张之路，所有的竞争对手都似乎在交手的那一刹那便败下阵来，星巴克俨然建立了一个横跨全球的庞大咖啡帝国。但危机的发生总是突如其来，时代的发展与迅速的扩张使星巴克虽已无处不在，却也危机四伏。

一、符号化的负面效应

星巴克从不排斥顾客对星巴克产生丰富的联想，这些联想使顾客为自己购买星巴克的产品找到了合理性，使其不至于陷入"物质崇拜"的自责中，而将自己的消费行为视为一种追求美好生活的宣言。久而久之，星巴克已经不仅是一个企业，而是一种符号、一种生活态度的代名词。但星巴克并不能保证顾客基于其形象产生的联想都是正面的，尤其在星巴克的体量越来越庞大之后，符号化的负面效应开始变得越来越难以避免。

星巴克已经不再是一个咖啡市场的挑战者，而成为一个拥有庞大体量的守擂者，更容易受到舆论的苛责。当星巴克还是一家西雅图的小店时，人们希望看到它遍布全球，为更多的人带来更高品质的咖啡以及优质的咖啡体验。但当星巴克真正成为一个咖啡帝国时，人们感到的更多是排斥与不安。从时尚现代的美国到茶文化盛行的东方，再到有古老咖啡传统的欧洲，人们开始发现，无论走到哪里，都可以看到星巴克的身影。美国知名动画《辛普森一家》中有这样一幕：主人公 Bart（巴特）走进一家商场，抬头发现每家门店都是星巴克。这一幕，真实表达了越来越多的人对日趋庞大的星巴克的恐惧。星巴克并没有将其他的咖啡品牌逐出咖啡市场，但它带给人们深刻的体验与宗教般的依赖感，使人们不由产生"被星巴克控制"的惶恐。星巴克仿佛剥夺了人们的选择空间，尽管面前不乏其他咖啡馆，但提到咖啡，人们的脑海中第一时间浮现的只有星巴克。

迅速扩张是星巴克的独特策略，但这种策略也使人们对星巴克产生"贪婪的世界统治者"的符号印象。人们会质疑星巴克为了扩张不择手段，包括对小型夫妻咖啡店的围剿、不人道的谋利，甚至在星巴克长久以来颇为关注的产品质量、员工福利、咖啡农生存状况等方面也时常传出不和谐的质疑声。指责层出不穷，其中有些是彻头彻尾的谣言，有些有几分现实的依据。但没有人会仔细思考这些传言中有几分真实，这些言论无不印证了人们心中原有的猜想，与星巴克贪婪扩张的形象相重合，使人深信不疑。

扩张中的星巴克还会不可避免地以外来者的身份，面对诸多陌生的国家与文化，这使星巴克增添了一种侵略性的文化霸权主义色彩。法国人对星巴克摆出一副蔑视的模样，甚至打出"入侵者"的广告字样。英国人也对星巴克深感紧张，甚至发起了各种抵制活动。更不用说在中东，星巴克的扩张屡屡碰壁，甚至在以色列遭遇了首次彻底的失败。毕竟，没有人希望一个外来者在其祖国的土地上遍地开花，更不用说这个外来者来自美国，更加深了人们心中对其傲慢、自我、富有侵略性的符号印象。

垄断者、侵略者、贪婪商人，这些形象无不是从星巴克迅速扩张的行动中抽象出的负面符号，另外一些负面符号的形成则远没有如此直接。比如，在一些人眼中，星巴克是一种"贵族文化"，因而令人厌恶。星巴克一直致力于将自己打造为一种"多数人承担得起的奢侈品"，虽然是奢侈品，但却是面向大众的，与"贵族化"似乎毫不相干。但星巴克的到来往往会对周边环境产生意想不到的影响，它的品牌效应、引流效果、体验文化，极易使这些地区成长为新的经济、文化中心，相应带来的是物价的抬升、交通的堵塞以及周边居民生活成本的提升。因此，对"被贵族化"的担心，常会萦绕在星巴克进驻区域人们的心头。

舒尔茨坚信这些符号化的负面指责只是星巴克发展过程中一些微不足道的"噪声"。舒尔茨认为"星巴克既是无所不在的品牌，也是一家你随时可以砸碎窗子的店家"，"企业所取得的成功会让一些人产生误解，甚至会攻击我们，而我们必须有勇气面对这些人。随着时间的推移，会有人诋毁我们，因为我们在做大做强"。

这些符号化的负面指责从未得到证实，也并未对星巴克产生多少严重的实质性伤害。营销学家林恩·卡尔曾对大多数现代人的消费心态进行过深入研究，发现人们会一边对企业的形象表示厌恶，一边对企业提供的产品全盘接受。针对这一矛盾现象，卡尔曾举过一个生动的例子："如果只看俄勒冈州尤金市的报纸，你会以为世界上所有的人都讨厌沃尔玛，去信读者中抵制沃尔玛的人数占到 98%，但沃尔玛的停车场依旧人满为患。"同样的现象出现在星巴克，巴黎与伦敦的反对声音没有阻止星巴克在英法两国遍地开花，故宫风波没有阻止中国跃升为星巴克的海外第一大消费国。指责的声音连续不断，但星巴克的全球扩张脚步从未因此停息。

既然这些符号化的负面指责无关紧要，那么星巴克是否就选择对它们坐视不管呢？当然不行。这些指责之声或许放在星巴克扩张进程之中的确无关紧要，却也为星巴克带来实际的负面效应，影响企业的形象与美誉度。况且，这些指责之声也并非捕风捉影。因此我们看到，"星巴克咖啡致癌"事件后星巴克及时辟谣，重申自己对咖啡品质的坚持；"9·11卖水事件"后，星巴克决定为救援人员提供免费的咖啡和水，并让纽约城内的星巴克一直供应免费的咖啡和其他服务。被质疑种族歧视的"如厕事件"爆发后，星巴克8000家门店紧急停业3小时，对17.5万名员工开展特殊培训。面对符号化的负面指责，星巴克采取积极的态度，努力将这些指责之声的负面影响降到最低。

二、永葆活力的创新秘诀

如今的咖啡市场早已不是劣质咖啡、速溶咖啡的时代，不同品质、不同特色、不同规模的咖啡馆层出不穷，咖啡市场的日趋成熟，使星巴克面临日趋复杂而严峻的竞争。一方面开店红利被逐渐压缩，另一方面竞争对手的队伍日趋壮大。在新的压力与挑战面前，应如何寻求发展之道，永葆企业活力？星巴克的答案是"依靠创新的力量"。

星巴克的创新，首先体现在产品的创新上。首先强调时令焕新，丰富体验获得感。在炎热的夏季，推出冰美式、冰拿铁、冰焦糖玛奇朵等冰饮系列；在冬季，星巴克则推出颇具节日气氛的圣诞特饮。同时强调聚焦一日三餐、特定节日、热点事件，强化消费场景。除传统咖啡饮品之外，星巴克开始销售精品简餐盒、三明治等食品，到 2017 年，食品类已为星巴克贡献约 20% 的营收。因地制宜，星巴克也会推出一些具有地方特色的产品，打造一些新奇的网红产品。在推出多种多样咖啡新品的同时，星巴克也推出多款不含咖啡因的特色饮品，进行交叉销售。此外，为应对快餐产品的冲击，星巴克还开发了即开即饮的瓶装咖啡，以及 VIA 免煮咖啡，以在激烈的市场竞争中开拓发展空间。

除在产品上推陈出新外，星巴克还十分重视立足顾客需求，开发新的服务内容。其中，星享卡就是服务创新的经典例子。星享卡其实是星巴克的会员卡，诞生于与咖世家的对阵当中。星巴克发现咖世家吸引新顾客、留住老顾客的秘诀之一便是会员制度，以折购优惠绑定顾客的下一次消费。因此，星巴克也创新性地推出了星享卡。星享卡的优惠更具创意，88 元的星享卡不仅可以获得首杯免费的优惠，还可获得 146 元的礼券。更具特色的是，星享卡推行消费积分制，累计消费一定金额，星享卡就可以升星，星级越高，优惠福利就越丰厚。星享卡的出现使星巴克实现对顾客的深度绑定，提升顾客的消费黏性与忠诚度，更凭借积分升级机制，产生激励顾客不断消费的效果，颇具巧思。

除星享卡，星巴克还立足顾客需求，推出了预付式的随行卡。随行卡的方便之处在于可以预先充值，即刷即付，缩短交易时间。同时，可以累积红利积点，实现与星享卡类似的累计消费、兑换奖励的机制。

星巴克在服务创新方面的另一大亮点，是将看似没有交集的元素，组合成一个和谐的整体。例如，咖啡与音乐。星巴克没有将音乐当作烘托门店气氛的背景，而是创新性地将音乐拉到前台。星巴克推出独一无二的"赏乐咖啡厅"，使顾客在享受咖啡体验的同时，感受音乐带来的独特体验。与此同时，星巴克还推出属于自己的原创音乐专辑，甚至与流媒体合作，推出"订阅星巴克歌单，免费领取咖啡"的活动。由此，推动自身走上多元扩张之路。

产品的创新与服务的创新或许还停留在物质表层，那么定位的创新则深入星巴克的价值内涵。从做最好的咖啡，到提供顾客好的咖啡体验，再到将咖啡融入生活，星巴克的自我定位始终处于一种不断充实、日趋完善的过程。而进入 21 世纪，星巴克在定位创新上的一大表现，在于快餐化与轻奢化齐头并进。星巴克坚持将自己打造为"多数人承担得起的奢侈品"，但这种目标的实现已越来越从"使大众体验踮起脚尖可以够得到的奢侈"，演变为平民快餐化与高端轻奢化两端并进的模式。

一方面，星巴克在美国本土市场的价格越来越接近平价。纸杯代替瓷杯，一切向低成本、高效率看齐。越来越多的星巴克门店开设得来速（Drive-thru）通道，支持车上快捷点单服务。星巴克得来速通道的占有比重位居餐饮业的第九位，咖啡店的第一位。甚至，星巴克开始主动放弃自己坚持多年的店内咖啡的策略，推行外卖咖啡、流动咖啡车等新形式。以最大限度降低成本，提升效率，推动星巴克面向更广大的顾客群体。

另一方面，星巴克开始推行高端服务，主动发展高端化产品线，打造星巴克的品牌价值区隔。星巴克对烘焙工坊和臻选咖啡门店的投入不断加大，注重营造极致的顾客体验。顾客可以目睹星巴克甄选、烘焙、加工咖啡的全过程，并体验纯正的星巴克式"第三空间"。2014 年，星巴克在西雅图开设了首家星巴克甄选咖啡烘焙工坊（Starbucks Reserve Roastery and Tasting Room），集精品咖啡制造和售卖于一体，为顾客提供极致的浪漫体验。2016 年，星巴克集团宣布即将在纽约、上海、东京开设甄选咖啡烘焙工坊的消息。2017 年落户上海的烘焙工坊，规模是西雅图的两倍，足以看出星巴克对布局高端路线投入的巨大支持。每一家烘焙工坊都成为星巴克传递品牌文化、吸引顾客的胜地，引领星巴克在新一轮价值重塑中实现自我回归。

创新是星巴克生存发展的力量源泉，也是星巴克永葆活力的秘诀所在。无论是产品的推陈出新，服务的另辟蹊径，还是定位的大胆创新，都是星巴克创新的体现。这些创新的目的，无不是为了让星巴克吸引更多新顾客，留住更多老顾客，时刻把握顾客的需求，不因故步自封而被市场淘汰。

三、移动互联"第四空间"

在"第四空间"的开拓中，星巴克最具代表性的举措在于推出自己的手机 APP，实现移动下单、支付、会员积分功能。星巴克将卡片业务和顾客忠诚计划整合进移动应用，通过 APP 管理会员账户信息，实现移动端的星享卡储值、积分、兑换业务。同时，将二维码移动支付功能整合进 APP，使顾客可以实现移动点单、一键付款，大大节省了交易时间与成本，并有利于激发顾客的消费冲动，创造意想不到的经济效益。在信用卡观念深入人心的美国，人们对移动支付本身的接受程度并不高，但星巴克 APP 的开发极大提升了用户体验及便捷度，创造了北美活跃用户达数千万，单月交易额约 800 万美元的不错成绩。除此之外，星巴克还开发了 LBS（基于位置服务）定位提前下单、最近的门店快速配送的服务，为顾客打造全渠道的消费场景，实现线上线下消费体验的联动。

移动互联"第四空间"的打造，根本目的是更好地实现经济价值以及彰显星巴克文化。在"第四空间"的开拓中，星巴克依旧保持了一贯的因地制宜、勇敢创新的风格。在移动支付环境优越的中国市场，星巴克并没有死守自身的 APP 支付，而是选择拥抱中国本土的支付宝与微信支付。并和本土企业合作，推出星巴克天猫旗舰店、微信社交礼包等，全面融入中国市场。星巴克依旧重视"体验"文化。星巴克门店中接入了免费的 Wi-Fi，并配置了便捷的充电设备，使星巴克中除了聊天、阅读的人群，还出现了移动办公的人群，为互联网时代的年轻一代带来他们理想中舒适、安全、自由的生活体验。星巴克依旧强调与顾客之间建立互动与紧密的情感联系。星巴克通过推特（Twitter）、脸书

（Facebook）等网络渠道，与顾客以及潜在顾客进行友好、开放的交流，并收获了大量忠实粉丝。星巴克还针对年轻一代，推出了星巴克专属emoji（绘文字）表情包，并迅速风靡全球，成为社交网络的新宠。

"第三空间"打破实体空间中的诸多障碍，打造可以暂时抛弃家庭与工作压力的舒适美好的物理空间。如今，星巴克又着手打造了移动互联的"第四空间"，打破虚拟空间中的各项障碍，将线下的体验与文化传递到线上，将"我们"的共同体联系进一步延伸，打造互联网时代的新美好生活。

参考文献

[1] 杨宗勇. 不只是咖啡：星巴克的经营哲学 [M]. 北京：中国法制出版社，2017.

[2] 霍华德·舒尔茨. 将心注入：杯咖啡成就星巴克传奇 [M]. 北京：中信出版社，2015.

[3] 泰勒·克拉克. 星巴克：关于咖啡、商业和文化的传奇 [M]. 北京：中信出版社，2014.

[4] 约瑟夫·米歇利. 星巴克体验 [M]. 北京：中信出版社，2012.

[5] 霍华德·毕哈. 星巴克：一切与咖啡无关 [M]. 北京：中信出版社，2008.

[6] 陈广. 星巴克攻略：全球第一咖啡连锁店的行业创新与体验营销 [M]. 北京：企业管理出版社，2005.

[7] 杨锡山，徐纪良. 西方组织行为学 [M]. 北京：中国展望出版社，1986.

[8] 查星茹. 星巴克品牌策略研究 [D]. 北京：对外经济贸易大学，2006.

[9] 钱星博. 咖啡帝国星巴克的崛起 [J]. 思维与智慧，2002（06）：24-25.

[10] 叶莹. 星巴克：在中国传播咖啡文化 [J]. 国际人才交流，2006（01）：30-32.

[11] 王哲. 浅析星巴克的成功之道 [J]. 科技资讯，2008（10）：240.

[12] 王冰心，王淑婧. 从"星巴克事件"看跨国企业跨国经营的文化管理 [J]. 科技创新导报，2008（13）：125.

后记

像舒尔茨一样热爱

——点燃生活的激情,创造属于自己的传奇

霍华德·舒尔茨，一位出生在布鲁克林的贫穷移民，凭借着对咖啡的热爱和对品质的坚持，将一家小小的烘焙咖啡豆店铺发展成为全球最大的咖啡连锁品牌。他的经历充满了艰辛与奋斗，也充满了智慧与创新。他深知咖啡的价值，更懂得如何将一杯咖啡升华为一种生活的艺术和文化的象征。

通过舒尔茨的生平及星巴克的发展历程，我们可以看到一个普通人如何凭借对事业的热爱和执着，一步步走向成功的巅峰。这种热爱并非简单的喜好，而是一种对品质的坚持和对生活的追求。舒尔茨深知咖啡的价值，他相信每一颗咖啡豆都蕴含着大自然的恩赐和人们的辛勤付出。怀揣这样的理念，他不断追求顶级的咖啡豆质量，并应用精湛的咖啡制作手艺来确保顾客享受最美好的咖啡体验。

从入驻星巴克开始，舒尔茨始终希望推动星巴克走上扩张之路，走出西雅图，走向全美，走向全世界，使更多的人了解精品咖啡、爱上精品咖啡。而正如舒尔茨所预想的那样，星巴克走上了一条爆炸式扩张的道路，其密集扩张时期甚至一度平均每天新增 7 家门店，震惊业界。这也使星巴克在建立起庞大的咖啡帝国的同时，真正由服务咖啡爱好者的小众咖啡店发展到面向大众，成为一种"买得起的奢侈品"。

舒尔茨因为热爱咖啡文化而创造了星巴克咖啡帝国，他的创业故事向大众传递了一种积极向上、不断进取的生活态度——无论身处何种环境，只要我们怀揣梦想，对每一件热爱的事物都全力以赴，就一定能够实现自我价值并为社会做出贡献。